A Chomhairle Féin
do Mhac Anna

A Chomhairle Féin
do Mhac Anna

Tony Catherine Antoine William

Cló Iar-Chonnachta
Indreabhán
Conamara

An Chéad Chló 1999
© Cló Iar-Chonnachta 1999

ISBN 1 902420 17 9

Dearadh Clúdaigh: Johan Hofsteenge
Dearadh: Foireann CIC

Faigheann Cló Iar-Chonnachta Teo., cabhair airgid ón g**Comhairle Ealaíon**

Clóchur: Cló Iar-Chonnachta Teo, Indreabhán, Conamara
Fón: 091-593307 **Facs:** 091-593362 **r-phost:** cic@iol.ie
Priontáil: Clódóirí Lurgan Teo, Indreabhán, Conamara
Fón: 091-593251/593157

Clár

Réamhrá

Maith thú, a Antoine, is doiligh tú a shárú. Tá an tsean-Ghaeilge nádúrtha luachmhar líofa go ceolmhar anseo agat.

Níl sa leabhar seo ach smidín beag den stór iontach atá sa chuircín ag Tony Catherine Antoine William. Tá na scéalta aige agus tuige nach mbeadh? Nár rugadh agus nár tógadh é ar an gCorrán, áit ina raibh agus ina bhfuil saibhreas mór seanchais. Tá na scéalta go maith aige ach an chaoi a n-insíonn sé iad – bhuel, sin scéal eile.

Tá a cheird go maith aige agus ní nach ionadh. Ó rinne slat éadaigh bríste dó, d'airigh sé an seanchas agus é ag fosaíocht ba san Alt Mór nó ag iascaireacht ceannruán sa Chlochán.

Ár mbuíochas leat, a Antoine, go bhfuil siad ar pháipéar anois againn.

Amach anseo beidh siad mar fhoinse eolais ar shaol atá ag imeacht uainn go scioptha. Fad saoil agat agus ná bí i bhfad leis an chéad cnuasach eile.

Seosamh Ó hÉalaí
Gob an Choire

Amhráin

An tSeanbhó Mhallaithe

A Sheáin Uí Riada, ar chuala tú an t-iontas
A rinneadh thíos ar an Abhainn Mhór
Bó a bhí ceangailte is í ag teacht ón aonach
D'ith sí bríste 'gus péire bróg.

D'ith sí pluid agus ba mhór an scéal é
Dhá dhosaen léinteacha is píosa de sháil
Mo léan is mo chreach ní hé 'bhí mé ag éagaoin
Ach rapar Shéarlais is cóta Sheáin.

Go moch ar maidin casadh an tseanbhó bhuí liom
Í ag stróiceadh cíbe go moch sa lá
Bhuail mé seanchas uirthi faoi ghnaithe an
    bhiataigh
Is faoi cheathrú siamsúil udaí Chathair Bhán.

Bhí trácht ar chaiple ann, ar bha 's ar chaoirigh
Seal fada den oíche cois tine bhreá
In áit a bheith ceangailte de dhoras gaoithe
Nach bocht an saol é má íocaim cáin.

(**An bhó ag caint**)
I Sráid na mBúrcach 'sea casadh fear liom
B'olc an údh agus ba fuar é an lá
B'olc a bhreathnaigh sé faoina chuid súl
Ach bhí saitiú air agus *overall*.

Bhí rapar fada air den éadach uasal
Is cnaipí fuaite air den stuf ab fhearr
Ach tháinig an tseanbhó mhallaithe thart agus
    d'ith sí suas é
Is bhí anlann suairc aici ar chóta Sheáin.

(An Fear ag caint)
I Sráid Doiminic tá mé i mo chónaí
Is fuair mé paróiste ón mBaile Nua
Bhris mé gine is d'ól mé coróin de
Is bhí aiféal' mór orm tar éis mo dhí.

Ar filleadh abhaile dom ar ais tráthnóna
Chuig mo stóirín gan cheo gan phingin
'S an teach a raibh mé ann nár dhaor mo lóistín
Nuair a itheadh an cóta agus an rapar díom.

(An bhó)
Nár throm an codladh bhí ar an bpéire
'S an phluid go téagartha thar a gceann
Nuair a las an ghealach agus scal na réaltaí
'Sea thosaíos féin ar mo ghnaithe in am.

Bhí blas na meala agam ar rapar Shéarlais
Is é i mo bhéal agam mar an siúcra donn
Ach dhúisigh an péire le screadaíl is béicíl
Agus b'éigean domsa a thabhairt do na boinn.

Dá bhfaighinnse tarbh i dtús an tséasúir
Gan tuí gan féar nó gan coirce bán
a bhéarfadh gamhain dom, baineann, bléineann
Ar dhath na réaltaí a thigeas roimh an lá.

A bhlífeadh bainne dom go trom i bpaoil
Le dalladh uachtair a bheith ar a bharr
In áit mé a bheith ceangailte de dhoras na gaoithe
Is an múnlach bréan a bheith le mo sháil.

Amhrán a bhí coitianta go maith nuair a bhí mé óg agus ní inniu ná
inné é sin. Is é mo bharúil nach bhfuil sé ag aon duine eile in Acaill.

Púca na Cabarnaí

Éireoidh mé ar maidin in ainm an Domhnaigh
'S ag Brianie Bhriain Mhóir atá thiar ar an Chaol
Tá m'ioscaidí tuirseach ó shíorshiúl na mbóithre
Is ní bhfaighidh mé lóistín don tseanchuiseog bhuí

Béarfaidh sé an bád dom go dté muid go Bó Finn'
Agus tógfaidh muid na seolta go Cathair na Naomh
Ag Ministir Crosbie 'tá ar leataobh an bhóthair
'gus uaisle 's boic mhóra ann ag filleadh arís

Ag Darby Ó Forry a bheas mé an chéad oíche
Agus beidh mé ansin nó go n-éirí an lá bán
Buidéal breá fíona 'thug sé dom líonta
Agus sheol seisean síos linn go Coill an Locháin

Ar chósta Chill Ala a cuireadh i dtír sinn
'gus thart linn den scríob sin go sráid Bhéal an Áth'
Amach go Sliabh gCuilinn mar 'nsin tá ár ngaolta
Gur casadh an siógaí linn 'tá ar mhullach Chnoc
    Meadha

A phúca na cabarnaí, mallacht na naomh ort
Mura n-insíonn tú domsa an rud 'tá i do cheann
'bhfuil sé ina chogadh, nó measann tú 'mbeidh
Nó cá fhad a bheas Gaeil faoi scúirse ag na Gaill?

Ach go dtige Ball Dearg 'gus a chabhlach go hÉirinn
Agus Rí na Sairdíne chugainn anall
Díbreoidh muid na h*Orangemen* amach ar na sléibhte
'gus bíodh do *spear* gléasta dhá bhliain roimh an am

Ná déan dearmad den spíonach 'tá i mbaile Chrois
Mhaoilíona
An t-amadán céanna darb ainm dó Bill
'Sé liobar capaill a scriosfaidh na ríthe
agus bullán dhá phingin agus gloine ón stil

Gléasaigí ar maidin le cumhacht ó na *peelers*
Ceathrar mór, caor mhór, *cabbage and broth*
Sheinnfeadh sé *Drogheda* as stáisiún na bpíobairí
Is rí-dheas a chaoinfeadh sé Cumha na dTrí Seán

Béarfaidh mé Hencock liom, béarfaidh mé Wade
liom
Béarfaidh mé Nangle liom, giolla an bhéil mhóir
Mac Séarlais 'gus Philpot 'gus damascach in éineacht
'gus cúpla duine eile atá thiar sa Sliabh Mór

Fuair mé an t-amhrán ó Terry Tim Ó Gallchóir ón gCorrán.

An Slúipín Mhahon

Ó 's, a Shlúipín Mhahon, dar liom ba lách tú
Agus tú a bheith ag ardú do chinn aniar
Gan grian ná gealach ann ach stoirm is báisteach
Is gan fios cén cearn, cá raibh do thriall.

Bhí na boltaí ag tarraingt agus na sparraí á lúbadh
Is na bloic á sciúradh 'bhí ar bharr na gcrann
Is nár mhaith a chruthaigh tú i gceann trí chúrsa
Nuair a chuir tú an cuan fúithi isteach Ráth Fran.

Is nach i dTóin na Ráithe a d'airigh mé an gháir
    mhór
Ag mná is ag páistí mar bheadh slua sí
Ag cur tuairisc Pheatacó nó an Chaiptín 'Máille
Nár roinn den *chargo* a bhí acu aniar.

Ó 's, a Shlúipín Mhahon, nár mhór an scéal tú
Tá cuid mhaith do d'éagaoin dá mbeadh maith
    dóibh ann
Ó baineadh an chulaith díot de thogha an éadaigh
'S an canbhás gléigeal a frítheadh thall.

'S dá gcuirtí *cotton* ort nárbh fhiú tú féin é
Síoda is cáimbric go barr na gcrann
Is tú a thabharfadh abhaile againn
Lucht *brandy* 's tae 's tobac go hÉirinn nuair a
    bheadh sé gann.

Ba gheall le heilit í i measc na namhad
Agus ba luaithe a snámh go mór ná an ghaoth
Nuair a sheol tú isteach chugainn roimh bhád
    Ghráinne
Agus i dTóin na Ráithe 'sea chaith tú an oíche.

Bhí McMahon ann 's ba mhór é a gharda
Agus an t-arm gallda uilig aniar ina dhiaidh
Go bhfágfadh sé an rópa, an jib, nó an cábla
Ach bhí an Slúipín Mhahon ar an bpoll ina
    dhiaidh.

Ó 'séard a dúirt Toirealach 's ní raibh sé
bréagach
Go raibh na *waterguards* uilig ar suan
'S go gcaithfeá druma 'fháil lena gcoinneáil
    dúisithe
'S nach raibh garda ar bith ar an taobh ó thuaidh.

Ó thart 'barr Scoith 's muid ag déanamh *duty*
Ach cuireadh amú muid ag Maidhm an Fheá
Le sciorradh gunnaí 'gus ag lascadh púdair
Cé go ndearnadh cúis mhór amuigh sa lá
Ach, a Shlúipín Mhahon, níl aon mhaith a bheith
    ag dúil leat
Is d'fhág tú cumha mhór ar fud na háit'.

Bád Chaiticín

Thíos ag Béal a' Mhuirthead a thóg muid na seolta
An sruth a bhí mór agus an ghaoth a bhí gann
Agus thíos ag Dún Eibhir a stop muid "An Réalta"
Agus ligeamar féin an t-ancaire fúinn.

Nuair a bhí an t-ancaire caite
Nach ann a bhí an féasta ab fhearr 'bhí in Éirinn ná
    i gCo. Mhaigh Eo
Bhí muiceoil go fairsing is caoireoil, breá gléigeal,
Sin agus éanlaith, beag agus mór.

Bhí duine uasal maith againn i gcaitheamh na
    hoíche
Duine uasal siamsúil, mac óg Sheáin Óig
Nuair a thosaigh sé ag gearradh ar fad is á líonadh
An galún ba mhian leis do chuile fhear óil.

Ag dul aníos Béal an Bhulláin is amach Tóin na
    'Dumhcha
Bhí Micheál á gabháil is ba shleamhain é a lámh
Bhí Tomás chun tosaigh, ó togha an phíolóta!
Ag tabhairt aire do scód nó jib a bhí lán.

Bhí an fharraige measctha, í ag éirí, geal gléigeal
Agus thosaigh sé ag léimneach ar bharr na dtrí sheol
Is ní raibh uair go leith caite go ndeachaigh 'un na
    céibhe
Agus chuaigh muid ar aon stróic isteach i dtigh an
    óil.

A Phádraig Uí Chaiticín beirim an sbhae duit
Ar a bhfaca mé féin de bhádóirín fóill
Le féile, le hoineach, le tuiscint is le méin mhaith
Is ní fhaca mé féin do shárú go fóill.

A fheara na farraige, an dtuigeann sibh é?
Ní bhíonn faitíos ar mhéin mhaith tráth thig an lá mór
Is an bhean a bheas aige ní bheidh sí gan chéile
Mar tabharfaidh sé tae di agus builín breá mór.

Ceannaí an Chraip

Nach iomaí lá breá gréine
A chaith mé ag siúl thart
Ó thuaidh is ó dheas
Ag iompar mo mháilín go stailiúil
Ó theach go teach
Bhí *Muslin*, 's *High Caul*, *scarf shawl* agus cáimbric
   mhaith
Bhí *cotton* ann go leor agus mórán de thogha an
   phlaid.

Grá mo chroí mo mháilín
'Sé bhí lách agus bhí comharsanach deas
A choinneodh scilling i mo phóca
I gcónaí a choscródh an tart

Spórt lá saoire is Domhnach
Is i gcomhluadar le chuile fhear maith
's mo ghloine ar cheann an bhoird agam
's mé ag comhrá le mo chailín deas.

An gcluin sibh mé, a mhná óga? Ní hábhar baill
   mhagaidh mé
Má chaith mé seal go spórtúil ag ól mo choda féin
Tá an saol seo cleasach dobheartach
Is níor ól mé aon phingin den spré
Ach beidh airgead go fóill agam
's ór buí, le cúnamh Dé.

A cheannaithe na tíre, dá ndéanfadh sibh uilig an
   ceart
Cruinneoidh sibh a gcois íseal
Agus líonfaidh sibh arís mo *bhag*
Tá triúr agaibh i mo líne

Agus sílimse gur beag an mhaith
Mar tá Timín agus McGliontaí
Is cé áirímse ach ceannaí an chraip.

Is deir mná óga an tsaoil seo
Go síleann siad go bhfuil mé thart
Nach bhfuil airgead ná ór agam
Le go mbainfinn mo *living* as
Ach gheobhaidh mise an t-aoibhneas
Arís agus caithfead beart
Le cuileata agus le cíonaí
Is go n-iompród an haon *of Hearts.*

Nach iomaí gine a d'ól mé
Is go mór mór mar gheall le mná
Tá a shliocht ar thóin mo phócaí
Níl ór ann, ná airgead bán
Ach má bhímse beo Dé Domhnaigh
Bainfead spórt as mo *jug* 's é lán

Agus chaith mé seal ag ól
Le gach dóigh mhaith dá raibh sa ngleann
Nó go dtáinig mé go teach mo stóirín
Ach mo léan géar ní raibh sí ann.
Bhí Muirtí ann ina chléireach
Ba bhréagach agus b'olc a ghreann
Chuir sé mo cháil ar fud Éireann
Go raibh mo chuid éadaigh tógtha
Mar gheall le dram.

Is éard atá san amhrán sagart de bhunadh an Chorráin, An
tAthair Micheál Ó Gallchóir, agus is éard a bhí in athair an
tsagairt ceannaí nó fear paca. Bhíodh sé ag dul thart ar fud an
pharóiste ag díol a chuid earraí. Ach nuair a bhíodar ag oirniú
an tsagairt i dTuaim bhí culaith fhlainín agus péire de bhróga

troma gréasaí ar athair an tsagairt agus thosaigh na daoine eile
ag déanamh fonóide faoi.
Ní dhearna sé tada ach an sparán a oscailt agus d'íoc sé ar gach
uile bhéile a cuireadh suas an lá sin.   Ar ndóigh, bhí iontas ar
gach uile dhuine.   Tá an tAthair Micheál curtha i reilig Chill
Damhnait in Uachtar Acla agus tá leac bheag ar an uaigh.

An Seoltáinín

Bhí mé lá go brónach is mo sheoltáinín ag tóin an tí
Go síoraí ag silt na ndeor is ag comhrá leis na cailíní
Ní suim a bhí ina nglór agam 'sé is dóigh gur ag
    magadh a bhím
Ach tá mé óg go leor is ní phósfaidh mé ach an
    phlandóigín.

Mallacht Rí na hAoine don té a dhíbir mo ghrá i
    bhfad uaim
Gan dul agam a theacht ina gaobhar
Lá saoire nó go moch Dé Luain
Ach bíodh sé ag cur 's ag díle
Is an oíche a bheith ag cur sneachta aduaidh
Mo rún dá mbeinn ag míniú
Go mbeinn chomh haoibhinn leis an eala ar cuan.

Is tuige nach dtagann tú, a ghrá geal,
Is mé a fháil ó mo mhuintir féin
Tuige nach dtagann tú, a ghrá geal,
Is mé a fháil uathu uilig go léir
Mura bhfuil siad uilig sásta
Leis an chás udaí a fheiceáil réidh
Is ins an chill seo thall atá m'áras
Is ar an bpápa ní cheilfead é.

Mo léan nach bhfuil mé i m'éinín
Is lách a d'éiróinn ó thom go tom
Nó i m'eascann lúbach aerach
Ag léimnigh ó thoinn go toinn
Scríobhfainn agus léifinn crua-Ghaeilge
Le barr mo phinn
Is ní fhéadfainn comhrá a dhéanamh leat
Le chomh héadrom is atá mo cheann.

Ach a bheag is a dtug mé grá duit
Gheobhainn áras ó mo mhuintir féin
Ba is caoirigh bána agus páirc lena gcur chun féir
Codladh fada samhraidh agus greann a dhéanamh
    ar bhoilg an lae
Is cead rince ar fud na ngleannta
Ag piocadh plainseogaí le stór mo chléibh.

Ag éirí amach i ndiaidh dom bhia
Méin mhaith ann is maidin bhreá
Cé chífinn ach an spéirbhean
Is í ag éalú ins an ród i bhfad uaim
Bhí a dhá cíoch chruinne gléigeal
Ag léimnigh mar a bheadh eala ar cuan
Is go dtug mé searc mo chléibh di
Is ní féidir léi scaradh uaim.

A londubh, gearr an t-aicearra go dtí an caisleán
Atá ar chúl an chnoic
Is aithris do mo chailín deas
Go bhfaca tú mé inné is inniu
Aithris go luath is go tapa di
Go bhfaca tú mé aréir is mé ag gol
Is má fhaigheann tú comhrá geanúil uaithi
Lig fead orm is beidh mé istigh.

Ó éist thusa, a bhuachaill, le do chluaineacht
Mar níl maith duit ann
Mar is iomaí cailín stuaimiúil
Ag iompar ualaigh is á ghol go trom
B'fhearr liomsa ag baint na luachra
Is á tuargaint go lá mo bháis
Ná do leanbhsa ar mo ghualainn
Ag cur do thuairisc' is gan tú le fáil.

Chaith mé bliain is ráithe
Ag obair snáthaid' i gCúige Uladh
Is ní bhfuair mé fear mo láimhe
Nó gur tháinig mé go Tóin re Gaoith
Tá m'intinn buartha cráite
Is níl athrú ar mo mhuirnín féin
Ach dá dtéinnse ráithe ar aimsir
Bheadh cead cainte agam le stór mo chléibh.

Truailliú Cine

'Sé nádúr na heilite go leanann sí an fia,
'Sé nádúr an duine go n-aithníonn sé Dia,
Ach faraor anois 'sé an duine an Dia,
Ó is iomaí sin laige sa duine.

Ba mhór ag na hÉireannaigh cneastacht is ceart,
Níor lú leis an sioc ná an rud gránna is míbheart
Ach iad seo atá sa tóir ar ardchéim 's cumadh reacht'
Is cuma sa diabhal leo ach "sinne".

Bhí na Sasanaigh cáinte de bharr a gcuid dlí,
A choinnigh an Gall bocht san abar ina luí
Ach ó fuair sinne Gaeil greim ar an gcuid seo den tír
Tá ár muintir ar fán ar fud na cruinne.

Tugadh brachán don bhochtán – dheamhan a
    bhlas ach lán béil
Baineadh úsáid as bladar, croitheadh lámh is cur i
    gcéill
Cé dhéanfas ár slánú, Fianna Fáil nó Fine Gael?
Cé acu ar leis an glas is glinne?

Níl aon chaint ar lá oibre ach pinsean agus *dole*
Tá airgead fairsing – tá an smugachán ag ól
Cead damhsa go maidin, neart spóirt agus ceoil
"Is é mo theachsa an teach ceoil is binne".

Glór mór san oíche amuigh go lá bán,
Is gur cuma leis an óige ach caitheamh agus fáil
Seandaoine bochta gan pheaca gan smál
Is iad fágtha ansin cois na tine.

Cóisir' is féastaí, baisteadh bróg agus bád
Fáinní ar mhéara agus gloine sa chráig
"Caith chucu béile, tabhair dóibh brachán
Ar an mbealach sin seasfaidh siad linne".

Tá an chneastacht faoi thalamh, bíodh rud agat féin
Agus is cuma sa diabhal cén chaoi a bhfaighidh tú é
Tá an náireachán folamh is ag sárachán spré
Níl caint ar bith anois ar an seachtú hAithne.

Diabhal gíog ar maidin, codladh go meán lae
Glugar sa ghlór ach 'sé an t-éadan an spré
An t-éadan san éadach cead cainte ag an chléir
Ní orthu atá aird "Sinne is sine".

Tá saibhreas le fáil ag fear canta na mbréag
Níl dhá chois faoin fhírinne mar is treise an
    t-éitheach
Is garda gan náire an drúis is mí-éacht
Bíodh cuid mhaith agat féin-tóg buinne!

Tá intinn na hóige á dalladh gan staon
Le *telly* is *pops* agus léinteáin atá bréan
Tá cacamas Shasana á bhrú ar na Gaeil
Is na Gaeil óga ag ithe ar a ndícheall.

Arsenal, Liverpool, West Ham agus Leeds
Ar mhálaí is ar léine "*God save the Queen*"
Is gearr a bheas meas ar ár "nAmhrán na bhFiann"
'Sé portaíocht Shasana an t-amhrán is binne.

Tá gáir mhór ag airí faoin *Buy Irish Campaign*
Bhí ceann acu cheana is maith is cuimhin liom é
Priontáladh na póstaeir thall sa Bhruiséil
Ach nach cuma-sin agat sinne!

Trua Mhuire an Ghaeilge, teanga na Naomh
Tá sí ag saothrú an bháis ins na Gaeltachtaí thiar
Bairneach na carraige síneann sé siar
Mura bhfaigheann sé deoch sáile as béal toinne.

Brionglóid an Phiarsaigh agus seasamh Mhic Éil,
Comhairle an Chrócaigh agus uaisleacht Uí Néill
Tá Éire bhocht cloíte ag meatacht an Ghaeil
Ach is gearr nach mbeidh fágtha ach smaointe.

Pádraig Seoighe, oide scoile, a scríobh. Tá Pádraig básaithe le cúpla bliain, go dtuga Dia solas na bhFlaitheas dá anam uasal. Ní bheidh a leithéid in Acaill arís. Sheas sé go tréan leis an teanga, leis an tír agus leis an gcultúr.

Éire Ghlas na Naomh

A Sheáin, a stór, ar chuala tú a leithéid de scéal
    riamh
Nach labhraíonn siad an Ghaeilge anois in Éirinn
    ghlas na Naomh
Nach bhfuil meas níos mó ag daoine ar chanúint
    Ghráinne Mhaol
Is níl gá níos mó le dlíthe in aghaidh sheanteanga
    bhinn na nGael.

Ó casadh seanfhear ormsa i dtír i bhfad i gcéin
Agus d'fhiafraigh díom faoin nGaeilge nó an raibh
    sí faoi chaithréim
'Séard a dúras: "bhrisfeadh sé do chroí ar
    chloisteáil duit an scéal
Go dtug fir is mná na hÉireann suas seanteanga
    bhinn na nGael."

Ba chráite 'bhí an seanfhear agus go dtug sé liom a
      chúl
Agus thit na deora ina sruth gan coscadh óna shúil,
"Ní thuigeann tú", ar seisean liom, "a dhonacht 's
    atá an scéal
Bhí laetha ann is níor náire linn labhairt i dteanga
    bhinn na nGael."

Shiúil mé féin is d'athair na cnoic, gan foscadh ón
    ngaoth aduaidh
Thar Tír ghil Chonaill i bhfad ón tráth, a mhair
    Aodh Rua Ó Néill.
Nuair a smaoiním ar na laetha sin, agus más
    brónach, nach mór an scéal
Agus gan smid á labhairt againne, ach i dteanga
    bhinn na nGael.

Ach más mar sin atá an scéal ná labhair liom níos mó
Mar ní fhéadfainn maireachtáil anois agus an saol
a bhí ann fadó
Ó léifidh mé seanleabhair, nó seanscéal nó amhrán
ón seansaol
A chuirfeas mo chairde i gcuimhne dom do chleacht
seanchaint na nGael.

Nach bhfuil duine ar bith beo a sheasfas suas nó cá
bhfuil seansíol na dtréan?
Ar imigh na Gaeil uilig, nó ar meascadh iad le síol
Chlann Chromail bréan?
Agus cá bhfuil an Eaglais ársa úd nár coscadh
riamh a béal
Agus a chosnódh na daoine bochta i seanteanga
ghlan na nGael?

"A chomrádaí," arsa mise leis, "is imithe atá an
chléir,
Ach sagart mór d'easpag atá i gConnachta i bhfad
thiar
Leon den tréad Juda, thugtaí air ach 'sé a ainm
Seán Mac Éil
Thiar atá sé ina shuí le búireach leoin i dteanga
bhinn na nGael."

Is ansin a d'éirigh mo dhuine agus rug sé orm
láimh
"Níl baol," ar sé, "leis an nGaeilge agus an t-easpag
sin le fáil."
Do sheinn sé dom seanamhrán agus ba bhinn é,
an guth óna bhéal
Agus do chan go hard agus misniúil i seanteanga
bhinn na nGael.

Más sin í an teanga atá le labhairt teanga bhréan na
    nGall
Ó! Cuirfidh sé i gcuimhne dúinn mar a imríodh
    orainn feall
Trí bhriseadh Chonradh Luimnigh is trí dhlíthe a
    cheap na deamhain
Na dlíthe do scrios Éire bhocht is gach ní ba dhílis
    dúinn.

Ach nuair a choisceas dlíthe na fuiseoga, ó bheith
    ag canadh ó lá go lá
Is nuair a choisceas siad na tonnta, ó bheith ag
    briseadh in aghaidh na trá.
Ó caithfead uaim uaidh sin amach, seanchanúint
    Ghráinne Mhaol
Agus leanfaidh mé go hoidhe sin, de sheanteanga
    bhinn na nGael.

Rann a bhí agam ar scoil.

Aoine an Chéasta

A Rí na ngrást, nach cráite 'bhí tú i lár an gharraí
Le coim na hoíche na srutha fola
Anuas ar gach taobh díot
Is tú ag smaoineamh ar an mbás a bhí romhat Dé
    hAoine.

Cuireadh rópaí crua, ar Rí na gréine
Is chuir siad dallóg, ar chlár a éadain
A chuid fola is allais, measctha le chéile
Nó gur stróic siad d'éadan, le deilgne géara.

Nuair a chuala an Mhaighdean, gur gabhadh a
    haonmhac,
Níor fhan sí lena céip, a dheisiú ná a chóiriú
Shiúil sí an fásach, gan a cuid bróg
Ag cuardach a haonmhac a thug na Giúdaigh leo.

Do chonaic sí fuil Íosa, ag siúl an róid di
Is chrom sí síos, is thug sí póg di
Ó nach crua a cheangail sibh mo mhíle stóirín
Is gurbh í fuil a chroí a thug dom an t-eolas.

Dhearc sé siar, cé gur mhór a ghéibheann
"Is í seo aniar mo mháithrín ghléigeal"
Bhrúigh sí isteach, tríd an gharda brúidúil
Nó gur chuir sí barróg, lena dhá láimh air.

A mhic mo chroí, is a mhic na páise
Nach minic a d'aithris mé, duitse, a ghrá geal
Gach pian agus piolóid, dá raibh i ndán duit
Agus gurbh í do mháthair, a ghlacadh lámh leat.

Tá mé ag fulaingt, ar son síol Ádhaimh
Agus bíodh agat foighne, inniu is amárach
Is beidh muid i gcuideachta, go fóill i bparthas
Agus aingil na bhflaitheas, ag breith ar láimh ort.

Trí fichead scúirse, a tháinig anuas air
Agus píosa luaidhe, ar bharr gach aon cheann
Cúig mhíle buille, ar a dhroim breá gléigeal
Nó gur stróic siad an fheoil, de cholainn an Dé-mhic.

Cuireadh culaith amadáin air, arís ina dhiaidh sin
Boltaí trína a bhosa agus púcóg ar a éadan
Coróin spíne ar a cheann, le deilgne géara
Is crann na croiche ar a ghualainn le hé a chéasadh.

Thug siad go Calvaire é, is bhain de an t-éadach
Stróic siad an fheoil anuas óna chreatlach
Thug siad deoch dhomblais dó, is a Dhia nár ghéar é
Agus idir dhá ghadaí, do rinne siad a chéasadh.

Paidreacha

Do Mhuire

I

A Mhuire, a mháthair an Rí,
Déan mo shíocháin le do mhac,
A aghaidh is gile ná an ghrian,
Ná fulaing m'anam i bpian i bhfad,
Bronnaim m'anam duit, a Íosa Críost,
Agus ní iarrfaidh mé é uait ar ais,
An fhianaise ortsa, a Mhaighdean Mhuire,
Gur chuir mé m'anam ar láimh do mhic.

II

Paidrín páirteach i ngarraí Pharthais,
Ag moladh na mná a bhí gan locht,
Íosa, Muire agus a Rí na ngrást,
Nár lige tú fán ar m'anam bocht,
Is maith an sagart é Mac Dé,
Is maith an baisteadh a rinne sé,
Bhaist sé Eoin agus bhaist Eoin é,
D'éirigh an Mhaighdean Bheannaithe trí uair
   roimh an lá,
Chuaigh sí chun an tuamba ag iarraidh a grá,
Tháinig aingeal na bhflaitheas,
Cros dheas gheal ina lámh dheas,
'Sé do bheatha a Mhuire agus a Rí gheal na ngrást,
An té a déarfas mo phaidir trí uair gach lá,
Tiocfaidh an Mhaighdean Bheannaithe chuige trí
   uair roimh a bhás.

III

A Mhaighdean dheas bheannaithe,
Is fuar, fliuch é do bhealach,
Is tú ag triall le do leanbh go hÉigipt,
Faigh impí ó d'aonmhac,
Den mhéid atá sna peacaí,
A stiúradh go Cathair na Glóire,
Míle buíochas go brách leat,
A Rí gheal na ngrást,
Is tú thabharfas na Flaithis go fóill dom,
Na trí aingeal bhreátha go raibh ar leaba mo bháis
    agam,
Íosa, Muire agus Iósaf.
Áiméan.

Ag dul a chodladh

Luím leatsa, a Íosa, agus go luí Íosa liom
Ola Chríost ar m'anam agus Cré na nAspal os mo
    chionn
A Athair a chruthaigh mé, a Mhic a cheannaigh mé
A Spiorad Naomh a bheannaigh mé
A bhanríon is gile, is a bhanríon na hóige
Tóg mé as na peacaí seo agus cuir mé ar an eolas
Agus cuir i mo chroí an aithrí nó go silfead na
    deora
Is má tá sé i ndán dom go bhfaighidh mé bás
    roimh mhaidin
I seilbh na glóire go raibh m'anam.
Áiméan.

Altú roimh bhia

Beannaigh sinn a Dhia, ár mbia agus ár ndeoch,
Ós tú a cheannaigh sinn go daor,
Go saora tú sinn as gach uile olc,
Bail na gcúig arán agus an dá iasc,
A roinn Dia ar na cúig mhíle duine,
Go dtige chugainn ar ár gcuid agus ar ár gcúram.
Glóir don Athair, don Mhac agus don Spiorad
Naomh,
Glóir don té a bhí ó thús, atá agus a bheas go
brách le saol na saol.
Áiméan.

Paidir an Domhnaigh

Go mbeannaítear duit, a Chríost, a bhuinneáin
    ghlé úir,
Go mbeannaítear duit, a chrainn lenar céasadh
    Críost,
Go mbeannaítear duit arís ar ais, a Rí a síneadh ar
    an gcros,
Impí a chuirim ort, gach smál peaca dá bhfuil ar
    an anam a chur ar an gcolainn,
Ós í a rinne an choir,
Céad fáilte roimh an Domhnach i ndiaidh na
    seachtaine,
Lá breá saoire a thug Críost le hagairt dúinn
Corraigh do chos go moch chun aifrinn,
Corraigh do bhéal ar bhriathra beannaithe,
Corraigh do mhéara ar shlabhra na hanama,
Oscail do chroí agus díbir an anachain,
Breathnaigh suas ar mhac na banaltra,
Ós é féin is fearr a cheannaigh sin,
A mhaighdean ghlórmhar, mhórmhar, mhaiseach,
Is tú mo stór, mo lón is mo thaisce,
Is tú an réalt eolais romham sa mbealach,
Ar shliabh na ndeor go mba tú mo charaid,
Déan dom treoir, tá an tóir ar an bpeacach,
Fliuch mo ghrua le grá ar an Athair,
Nigh mo lámha as smál na bpeacach,
Is ar uair mo bháis go ndeire mé an phaidir.
Áiméan.

Ag Coigilt na Tine

Coiglím an tine seo mar a choigil Críost cách,
Bríd faoina bun agus Mac Muire ina lár,
Na trí aingeal is mó cumhacht i gcúirt na ngrást,
Ag cumhdach is ag coimeád an tí seo 's a muintire
    arís go lá.
Áiméan.

Ag Éirí ar Maidin

Toil Dé go ndéanaimid,
Dlí Dé go gcoinnímid,
Ár n-antoil féin go smachtaímid,
Srian lenár dteanga go gcuirimid,
An aithrí thráthmhar go ndéanaimid,
Ar Pháis Chríost go smaoinímid,
Gach coir pheaca go seachnaímid,
Na críocha deireanacha go meabhraímid,
Bás beannaithe go bhfaighimid,
Ceol na n-aingeal go gcluinimid,
Aghaidh Dé go bhfeicimid,
Ag moladh agus ag altú Dé go rabhaimid,
Le linn ár saoil.
Áiméan.

Orthaí

Ortha na nDaitheacha Fiacaile

Chuaigh Peadar go sruth fíor-lán,
Tháinig Críost os a chionn,
Céard sin atá ort, a Pheadair?
Ó m'fhiacail atá tinn,
Éirigh, a Pheadair, is bí slán,
Ní tusa féin ach Feara Fáil,
An duine a ghéillfeas nó a déarfas an ortha,
Ní bheidh i ndiaidh na hortha pian ná tinneas cinn,
In ainm an Athar agus an Mhic agus an Spioraid
   Naoimh.
Áiméan.

Ortha na Seirce

Ortha a thug Muire do mhná,
Ortha seirce agus síorghrá,
Nár stada do cholainn ach d'aire a bheith orm,
Go leana do ghrá mo ghnaoi
Mar leanas an bhó an lao,
Ón uair seo, go huair do bháis,
In ainm an Athar, an Mhic is an Spioraid Naoimh.
Áiméan.

Ortha do bhean
i dtinneas clainne

Beirt a casadh orm le cabhair agus Críost,
Mar a rug Anna Muire, is mar a rug Muire Críost,
Mar a rug Eilís Eoin Baiste gan díth cos ná lámh,
Cabhair ar an bhean, a Mhic,
Cabhair féin di, a Mháthair, ós tú a rug an mac,
Tabhair an ghin slán agus go mba slán a bheas an
    bhean,
In ainm an Athar, an Mhic is an Spioraid Naoimh.
Áiméan.

Ortha na Rua

Rua ramhar cúl cnáideach,
D'iarr Colm Cille de Chathach,
Céard a leigheas an Rua;
An nimh a chur ar gcúl agus an t-at a chur ar lár,
Agus gan de bhrí a bheith sa rua ach an rud a
    bheith slán.
In ainm an Athar, an Mhic is an Spioraid Naoimh.
Áiméan.

Seanfhocail

- A chomhairle féin do mhac Anna agus ní bhfuair sé riamh níos measa.

- An lá a mbíonn sé ag báisteach bíonn sé fliuch is mura n-éireoidh tú ar maidin ní bheidh tú moch.

- Dá ghaire duit teach Dé, is gaire duit i bhfad do theach féin.

- "Is deas an rud an ghlaineacht," mar a dúirt Nóra shalach nuair a chuimil sí eireaball an chait den mhias.

- Tá an fhírinne an-luachmhar ach mar sin féin ní ceart dúinn a bheith gann léi.

- Má théann tú ag coraíocht leis an salachar, bí thuas nó thíos, salachar thú.

- Agus do lig an coileach glaoch go hard ar theacht na maidine; "Is le fear na bó an lao, ach is le bean an tí an bainne".

- Tá an bás taobh thiar den pháiste agus amach os comhair an duine aosta.

- Dá airde dá n-éiríonn an priompallán sa lá, i gcac na mbó is ea chaitheas sé an oíche.

- Fear dubh dána, fear fionn glibiúil, fear donn dualach agus fear rua scigiúil.

- An té a oibríonn in aisce ní bheidh sé choíche díomhaoin.

- Má luíonn tú leis na madraí éireoidh tú leis na dreancaidí.

- Is sleamhain í an leac ag doras tí uasail.

- Déan an rud is ceart agus is cóir. Ná druid do shúil ar an duine bocht sa tír seo; níl siad faoi mhórán onórach ach i láthair Dé tá siad gan locht.

- Má bhíonn cearc leat ag breith caithfidh tú cur suas leis an ghlagarnach.

- Ní hionann pócaí folmha agus pócaí fairsinge.

- De réir mar a ardaíonn an ghealach, is ea íslíonn an ghrian.

- Snámhann sop ar bharr an uisce, ach titeann péarla go tóin an phoill.

- An té a bhíonn ag feitheamh lena chomharsa fanann a chuid fómhair ar sraith.

- Cúnamh na bhfear i gcuideachta a chéile, nó fágfar thú féin ar cheann na spéice.

- Dhá rud atá baolach, tóin a thabhairt do dhréimire, nó tóin a thabhairt do chailín óg.

- Is fearr filleadh as lár na habhann ná a bheith báite sa tuile.

- Ní dochar ar bith a bheith ag éisteacht le claí ag titim ach gan a bheith an-ghar dó.

- Lucht caorach, nó lucht ban, an dá lucht is dainséaraí a bhí i mbád riamh.

- Tine ró-íseal agus pota ró-ard: is fataí ar an gcaoi sin ní bhruithfidh go brách.

- Caithfidh an breac snámh beo nó marbh.

- Is mall, ach is cóir é díoltas Dé agus ní féidir é a sheachaint nuair a thagann sé.

- An té nach dtug Dia dó ach beagán céille ní fhiafróidh sé orthu ach an miosúr céanna.

- Níl a fhios cá bhfuil an t-ádh cé go bhfuil an mí-ádh sách fairsing.

- Is é a dúirt an bhean rua a bhí ar thosach an tslua, gan an doras ó thuaidh a bheith oscailte.

- Aoibhinn do lucht an dóláis mar is iad is fearr le Dia ach an cnoc is airde is é is fuaire cé gur dó is gaire grian.

- Cailleann duine a dhinnéar idir dhá theach.

- Sionnach ar do shlat agus coinín ar do bhaoite, nár mhara tú aon bhreac, go dtigfidh an Fhéile Bríde.

- An té atá idir dhá stól gabhfaidh sé go talamh.

- Is minic a bádh fear báid agus é ar a dhícheall ag taomadh.

- Tá an mí-ádh mar a d'fheicfeá an macalla, níl a fhios i gceart ó cén aird a bhfuil sé ag teacht.

- Trí chuaifeach gála, trí ghála feothan, trí fheothan stoirm, trí stoirm hairicín.

- Is i mí na bhfaoilleach a mharófar na caoirigh.

- Uisce na bhfaoilleach, idir an Nollaig agus Féile Bríde.

- Beathaíonn an coileach é féin, ach beathaíonn an chearc an t-ál.

- Oíche dhubh chiúin cheobránach gheal stoirmiúil réaltógach, gaoth aneas, braon as is é ag sioc, an ghealach ar aghaidh an tí is í ag dul soir. Rud nach dtig leis tarlú.

- Is maith an bhean a choinníonn a cuid aráin féin gan dó.

- Is beag le rá an chuileog nó go dtéann sí i do shúil.

54

- Is mór an fad orlach ar shrón duine.

- An té nach féidir leis é féin a iompar taobh istigh, an taobh amuigh is fearr dó.

- Ith feoil mairt is bí crua tapa,
  Ith feoil muice is bí mór beathaithe.

- Is minic a leag cac bó fear mór láidir.

- Thart le cladaigh a chruinnítear maidí agus ar an bportach a chruinnítear móin, ag na capaill a bhíonn na searraigh, is ag na caoirigh a bhíonn na huain.

- Nár thé súiche ar do loine, ná meirg ar do chuinneog.

- Cén mhaith gráin gan púdar, is cén mhaith scéal gan údar.

- Is bocht an rud fear gan deartháir ag dul ag seasamh in aghaidh an tslua.

- An rud a thugann an diabhal leis chugat ina shodar, tugann sé uait é ina chosa in airde.

- Eachtra an duine óig nó comhairle seanduine ní bhíonn siad i gcónaí ar fheabhas.

- Ceannaigh an maor agus ansin ní baol duit an tiarna.

- An té nach bhfuil a fhios aige, agus nach bhfuil a fhios aige nach bhfuil fhios aige, is amadán é, seachain é.

  An té nach bhfuil a fhios aige, agus a bhfuil a fhios aige nach bhfuil a fhios aige, tig leat é a mhúineadh, múin é.

  An té a bhfuil a fhios aige, agus nach bhfuil a fhios aige go bhfuil a fhios aige, tá sé ina chodladh, dúisigh é.

  Ach an té a bhfuil a fhios aige agus go bhfuil a fhios aige go bhfuil a fhios aige, tá sé ina fháidh, lean é.

- Is fearr bolg seang ná rud a chur ann nach réiteoidh leis.

- Abair focal nó dhó agus mura dtagann leat tar leo.

- Ní maith an rud onóir gan deis nó putógaí gan geir.

- An té is faide cos is é is faide coiscéim.

- An muileata maol á mheilt agus an cuireata caol á cheilt.

- Amannta is comhluadar do dhuine a dhíth céille.

- Ní leithne an t-aer ná an tubaiste.

- Glacann fear críonna comhairle ach is fusa comhairle a thabhairt ná comhairle a ghlacadh.

- Tús le casachtach deireadh le comhrá.

- Is fearr "seo duit" amháin ná dhá "gheobhaidh tú".

- Is fearr leathorlach den bhun ná leath-throigh den bharr.

- Cuideachta is ea beirt ach buíon is ea triúr.

- Dhá dtrian den damhsa an chosúlacht.

- Dhá ní atá go maith sa duine; cluasa fada agus teanga ghearr.

- Tabhair orlach don bhodach agus tabharfaidh sé an tslat leis.

- Bíonn cluas bhodhar ag fear na bhfabhar i gcónaí.

- Go rachaidh an ghrian go grinneall ní ghabhfaidh an fial go hifreann.

- Níl sa saol ach ceo agus ní mhaireann an só ach seal, agus cuimhnigh do chríoch, a dhuine, sula gcuireann tú do shláinte ar ceal.

- Níl bord ar bith fiúntach gan fuílleach.

- Níl tuile dá mhéad nach dtránn, ach Tuile na nGrást féin.

- Níl aon chapall is airde léim, ná capall na lathaí, má fhaigheann sí an bia.

- Níl aige ach bréaga mar arm i m'aghaidh, ach an té nach bhfuil léim aige, leagann sé an claí.

- Níl crann sa gcoill níos gránna ná crann gan bhláth, ach is dual don fhíréan cairdeas, déirce agus grá.

- Is maith an bád a dhéanann amach an caladh a d'fhág sí.

- Is fearr lá ag cur tuairisc' ná dhá lá ag iarraidh.

- Is gaire cabhair Dé ná an doras i gcónaí.

- Is é troid na mbó maol é cogadh na gcarad.

- Is fearr paiste ná poll agus dheamhan a dhath ach é.

- Is fearr a bheith ag súil le muir ná bheith ag súil le huaigh.

- Is túisce deoch ná scéal, agus ní éadáil mhór ceachtar acu, mura bhfuil siad ar fheabhas.

- Is maith é an cúnamh go haimsir caite coda.

- Is minic a bhí cú mall sona, agus cú dona go maith ag rith.

- Is mairg nach gcruinníonn a chiall is nach gcuireann srian lena ghuth.

- Is fearr aon bhéile amháin fónta ná dhá dhrochbhéile.

- Is glas iad na cnoic i bhfad uainn agus ní féar a bhíonn uilig orthu.

- Is fearr an cú a bhíonn ag siúl ná an cú a bhíonn ina lúb.

- Is mór taibhseach iad adharca na mba i bhfad uait.

- Ná gabh de do sheanléim san abar, agus am na hóige ná caith le baois, mar go dtige an lá inné ar ais ní fheicfidh tú é go brách arís.

- Ná cuir do ladhar i meadar gan suaitheadh.

- An té nach dtug tú aird air, is é is mó a thuig do chroí, mar is géire an tsúil atá sa chlúid, ná dhá shúil ar fud an tí.

- Dúirt bean liom, gur dhúirt bean léi, gur chuala sí bean á rá.

- Is giobach í an chearc ag tógáil a háil.

- Is seanfhocal é agus nach fíor, ní bhíonn súil síoraí seasc.

- Dhá dtrian sneachta ar na sléibhte, is dhá dtrian gréine sa ghleann, dhá dtrian galair le hoíche agus dhá dtrian gaoithe sa chrann.

- Is fearr a bheith ag lorg bia, ná ag lorg goile, is blais an bia agus íosfaidh tú é.

- Is ait an ní is gaire don chroí an ní is gaire don bhéal, is mairg nach gcuireann glas ar a theanga, is mairg a bhíonn gan chéill.

- Mura bhfuil agat ach pocaide gabhair bí i gceartlár an aonaigh leis.

- An rud a bhíonn annamh bíonn sé iontach.

- Nach fada fánach an fear an saol.

- Is maith an ciste cara maith don té atá in ann an cairdeas a bhunú.

- 'S ar do chuairt ná lig uait ach leath do scéil ach ar do chluais ná bí fuar le do dhuine bocht féin.

- Is milis cumhra glór an fhir a bhfuil aige maoin agus spré, ní mar sin an duine bocht, bun os cionn a labhraíonn sé.

- Is treise toil ná tuiscint agus is maith an chomharsa teorainn mhaith.

- Cibé rud a dhéanann tada bí ag sodar chun an bhia.

- An rud a théann chun faid téann sé chun sínte.

- Dá fhad a théann an gadaí, ceaptar é ar deireadh.

- Is fearr go mór a bheith díomhaoin ná drochghnóthach.

- Is mór an trua, fear croí mhóir i mbaile mór gan airgead.

- Brisfidh an seagal a chroí, nó beidh sé ina chraobh Lá Féile Sin Seáin.

- Is maith, maith glan ach ní maith romhat ró-ghlan uaireanta.

- Ní cheileann meisce bréag ná fíor.

- Má chuir mé thú faoi choimirce Dé, nach raibh sé sin agat féin gan stad, ach is maith é Dia faoi thrócaire ach a bheith á iarraidh air gan stad.

- Luach pingine den dlí sin é cuid an duine bhoicht, is ná gabh chun dlí gan ór breá buí, mar féach an chaoi a bhfuil mise anocht.

- Bí go mór leis na mná, bí deas leo, agus ciúin, cara na mban lámh le teas, cara na bhfear sa chúil.

- Aithríoch óg ábhar seandiabhail chríonna.

- Comhairle mná gan iarraidh ní raibh sí riamh ach sona.

- Fiú an té is glice mealltar é.

- Sólás faoi ólachas do chomharsan agus dólás faoina maitheas, a d'fhág go leor faoi bhrón agus gan dúil go deo le flaitheas.

- Ól do dheoch go cliste mar is fearr é ná an t-uisce, mar dheamhan deoir a ólfaidh tú i ndiaidh do bháis.

- Bíonn bainne geal ag ba dubha agus ní ceart a dhul ag cuartú ábhar caointe nó gheobhaidh tú é.

- Dóighiúlacht agus airgead imeoidh siad, foghlaim agus grá Dé – ní imeoidh siad go deo.

- Ólaim do shláinte a mhinic a thig. Faoi chúram do shláinte a mhinic nach dtig. Is é mo léan géar nach é minic nach dtig a thagann chomh minic le minic a thig.

- Tabhair an chéad chuid den lá i gcónaí don Athair Síoraí.

- Tiocfaidh na cairde is ní mhaithfear na fiacha ach seachain na cártaí seachain an iasacht.

- An rud is linn is mó linn é ná an rud nach linn go mór mór fadó, mar is fearr mo bhó-sa, ná do bhó-sa, is fearr mo mhadra ná do mhadra.

- Tuigim agus ní thuigim ach tuigeann fear léinn leathfhocal.

- Gach uile dhuine ag iarraidh a chóir féin agus an gadaí ag iarraidh é a chruthú.

- Ag iarraidh tine a fhadú faoi loch, nó ag caitheamh cloch in aghaidh cuain, nó comhairle a thabhairt do bhean bhorb, nó buille de ribe ar iarann.

- An bia is fearr ar bith; an mhin is faide ón bhró, nó bainne na bó a rug anuraidh.

- Níor ceapadh riamh sa bhfarraige thiar, breac chomh maith, nó b'fhéidir níb fhearr ná mar atá le ceapadh fós.

- Caidrigh an coimhthíoch ach ná taobhaigh leis.

- An té is mó a lúbann an teanga, is é is lú a lúbann a dhroim.

- Ní thagann an mí-ádh gan comhluadar lena chois.

- An gad is gaire don scornach a ghearradh ar dtús.

- Feiceann tú an salachar i súil gach uile dhuine, ach ní fheiceann tú an tsail i do shúil féin.

- Ní théann an dlí sa mbuille nach mbuailtear.

- Nuair a bhíonn an cat amuigh bíonn cead rince ag na luchóga.

- Peata muice, nó peata duine an dá pheata is measa ar bith, ná mac falsa an duine shona, ábhar an duine dhona.

- Bíodh a fhios agat go dtig leis an airgead a lán, lán, díobhála a dhéanamh.

- Feoil a thabhairt do pháiste, feoil a bhaint de pháiste.

- Nuair a chuirtear tine leis an gcloch pléascann sí le torann teann.

- Iasacht ón roileach don fhaoileán sin iasacht nach bhfaighidh sé choíche.

- Níor mhill airdeall maith tada riamh.

- Is i dtosach na haicíde is fusa í a leigheas.

- Dá fhad an lá tiocfaidh an tráthnóna.

- Castar na daoine ar a chéile ach ní chastar na cnoic ná na sléibhte.

- Seachain an drochdhuine agus ansin ní baol duit an duine macánta.

- Tá gach duine ag iarraidh a bheith ag tochras ar a cheirtlín féin.

- Nuair is gann é an bia is ea is fial é a roinnt.

- Ní thig leis an ngobadán gach uile thrá a fhreastal.

- Is é allas a bhall féin a loisceann gach duine.

- Trí bhua an tsionnaigh foghail mhaith, faire mhaith agus mochéirí.

- Duine agus a bhéasa ní féidir iad a chur óna chéile.

- Saol fada le só ar an saol seo agat, agus dea-chríoch go gcuire Dia ar dheireadh do bheatha.

- Tá a fhios agat nach fearrde an iomarca léinn, ná rud beag faoina bhun.

- Tosaíonn brobh beart agus líontar sac le póiríní.

- Le slacht agus maisiú ná lig as do láimh é, mar is sleamhain é an lao nach lífeadh a mháthair é.

- Caithfidh tú a bheith coimeádach má tá tú ag súgradh le faobhar.

- Ná scar do bhrat go brách, murar féidir leat é a chrapadh.

- Ní fhaigheann an chos atá ina cónaí tada, agus uaireanta ní fhaigheann an chos atá siúlach ach masla.

- Nuair atá an cupán líonta, sin é an uair is fusa é a dhoirteadh.

- Ní measa bithiúnach i mbaile ná fear casta na fírinne.

- Geobhaidh tú cúnamh ag sábháil móna agus b'fhéidir go bhfaighfeá cúnamh ag sábháil féir ach mura ndéanfaidh tú féin d'anam ní dhéanfaidh an fear eile duit é.

- Cuimhnigh nach dtéann stoirm thar Domhnach, ná rabharta thar Céadaoin.

- Ní ordaíonn Dia an phian i gcónaí don duine.

- Feitheamh an tsionnaigh ar mhagairlí an tairbh. Rud nach dtarlóidh.

- Cibé fad a bheas tú amuigh, ná tabhair an drochscéal abhaile leat ort féin.

- Siosúr, miosúr agus méaracán na trí uirlis a chaitheas a bheith ag an tailliúir.

- Más folamh duit cuir faoi chlóca do chás agus ná haithris gur theastaigh uait stór ná maoin go brách.

- Ná santaigh fear ná bean agus ná déan doilíos faoi ní ar bith, mar beidh siad mar is áil le Dia agus ní bheidh siad ach mar sin.

- Fear, fada, fuar, folamh; is olc an spreasán é.

- Tá galar agus céad i gceann an duine agus níl aon cheann acu sin níos measa ná míthreoir.

- An fear atá gan creideamh is cosúil le long gan stiúir é – ní féidir leis imeacht díreach.

- An té atá cneasta cuartaíonn sé fianaise go dtiocfaidh sé ar an bhfírinne.

- Seirbhís gan iarraidh ní fhaigheann sé bia ná pá.

- Más láidre tú ná Dia cuir fad siar as do theach.

- Ní fhaigheann ró-mhinic onóir.

- Fianaisí an ghiolla bhréagaigh a bhean.

- Cáir chasta le cách, cáir chasta gan slacht.

- An pointe is fearr den dlí, a bheith séantach.

- Is é an saol an fear cleasach, níl a fhios agam cé acu is fearr an fhéile ná an cruas ach dá mbeadh saibhreas shíol Éabha agat i do lámh, beidh fear an bheagáin chomh maith leat ar uair do bháis.

- An té nach gcleachtaíonn an mharcaíocht déanann sé dearmad de na spoir.

- Má fhaigheann an bhréag uair a chloig tosach ar an fhírinne, tógfaidh sé blianta sula dtagann an fhírinne suas léi.

- Má tá do bhean mar do scian is éard a deir gach duine: nach maith é a méin, righin, crua, fada, fuar, tanaí, géar.

- An té a bhíonn ag síorshiúl milleann sé mín agus garbh.

- Ní théann an chuileog sa mbéal a bhíonn dúnta.

- Tabhair cead a chinn dó mar a thug an tincéir don asal.

- Ní hé an té is faide a itheann an té is faide a mhaireann.

- Ní fear é ar aonach, ar mhargadh, ná ar phobal an aifrinn.

- Bean dhubh ar thosach an oilc, bean bhán ar thosach na ngrást, agus bean rua ar thosach an tslua.

- Bean gheal dhubh an bhean is breátha amuigh.

- Ná labhair ar aon duine faoi leith go deo agus ansin ní dhéanfaidh tú aon achrann.

- Chuirfeadh sé tinneas cinn sa tóin ort.

- Bainne i ndiaidh feola ach caithfidh an breac snámh.

- Deoch roimh thart, deoch i ndiaidh tarta agus deoch in aghaidh tarta.

- Teaspach gan dúchas is deacair é a iompar.

- D'fheicfeadh sé muc dhubh oíche dhubh i ngarraí dubh.

- Níor thug do bhéal féin buíochas riamh duit.

- Cúngas tí, cúngas croí ná cúngas póca: na trí rud is measa a thig a bheith ar dhuine.

- Níl maith ar bith sa seanchas nuair atá an dochar déanta.

- Tusa á rá agus Dia á dhéanamh.

- Soitheach mór fada agus deoch i bhfad thíos.

- Dá mhéid is mó an mhéin is amhlaidh is mó an gníomh.

- Ní hé an té is gaire duit an té is fearr duit.

- Gabh agus fiosraigh do chairde sula mbíonn tú i nganntan.

- An té ar áil leis an dainséir is leis a thiteann sé.

- Ní de gach cineál adhmaid is cóir sagart a dhéanamh.

- Na trí rith is mó amuigh; rith uisce, rith tine agus rith buinní.

- Na trí cairde is fearr agus na trí naimhde is mó; tine, gaoth agus uisce.

- Nuair a imíonn an séan, faigheann an fhéile bás agus ní bhíonn gaol ag éinne le duine gan stór.

- An dreapadóir a théann ró-ard, is é is faide a thiteann.

- Níor bhochtaigh an déirc duine ar bith riamh.

- Is fada le fear fionraí feitheamh.

- An té a dhéanann an t-olc is beag ar a shólás é.

- Nach minic a d'adaigh aibhleog bheag tine mhór.

- D'ordaigh Dia fearg ach níor ordaigh sé í a choinneáil.

- Is fearr ceart ná dul chun dlí, ceart roimh dhlí i gcónaí.

- Is túisce tuilleamh ná tuarastal.

- Is dóigh le dailtín na gcuach gur mar é féin a bhíonn an slua.

- Is mairg a mbíonn drogall roimh dheacair aige.

- An glór nach dtuigeann an ceann, is cuma é a bheith ann nó as, is an bhró nach meileann go teann, is é an meilteoir an fear gan rath.

- Bíonn an donas i ndiaidh na sraoilleachta, agus an sonas i ndiaidh na simplíochta.

- Nochtar i nóiméad claidheamh Dé ag cur an tréin faoi smacht, 's nach gearr ó inné go dtí inniu, ach is giorra a bhíonn an t-éag ag teacht.

- Ní hé an té a chuireann síos, b'fhéidir, an té a bhainfidh aníos.

- Mo sheanmháthair ag an tine, agus an cliabhán lena taobh, ach tús agus deireadh an duine is ar an teas a tharraingíonn siad.

- Is é a d'fhág mo chosa gan bhróg gan stoca, agus a d'fhág mo dhroim gan léine, fuacht is fearthainn is cruatan cladaigh agus fliuchadh fada dá réir sin.

- Is mairg ag dul faoi don ghréin nach bhfuil rud agat i do mháilín féin.

- Déan an rud is ceart cóir agus ná cuir do leas ar an méar fhada, mar is beag an mhaith duit an saol mór, ó dhúnann do shúil agus ó stopann do theanga.

- "Gach fear faoi eireaball a bhó féin," sin seanfhocal a bhíodh ag daoine agus "an té a bhfuil an bhróg ina luí air is dó is ceart a scaoileadh."

- An long atá cumtha i gcóir is i gceart, imeoidh sí go mear faoi sheol, ach an rud a ghintear sa gcnámh is deacair é bhaint as an fheoil.

- Má tá tú tanaí lig ort a bheith ramhar, ardaigh do cheann duit ar dul chun feise, ach mura bhfuil agat ach pocaide gabhair bí i gceartlár an aonaigh leis.

- Téann an dlí chomh dona do chuid de na daoine agus a théann an bháisteach do na cearca.

- Cailleann duine a dhinnéar idir dhá theach.

- Don té a thréigeann a mhuirín féin, tá a intinn dorcha dall, tá sé ag stróiceadh an dín dá theach féin agus á chur ar theach an duine thall.

- Níochán salach Dé Sathairn is beidh sé geal Dé Domhnaigh.

- Más peaca a bheith buí tá na mílte damanta.

- Ní bheathaíonn na briathra na bráithre, sín do lámh chugam, nó bí i do thost, mar níl againn le dul chun flaitheas Dé, ach leaba is déirc an duine bhoicht.

- Íochtar agus uachtar is maith an t-ábhar cuiginne é.

- Ní hé an té is gaire don teampall an té is gaire don altóir.

- Is rí-mhinic a d'fhág saibhreas duine fiúntach ina fhalsóir.

- Na rudaí a deir lucht do cháinte, ná cloiseadh do chairde uait a choíche, mar an rud nach gcloisfidh an chluas ní chuirfidh sé buairt ar an gcroí.

- Is maith an peata peata buan, nach mbeidh ag imeacht uait ina rith; peata muice, nó peata duine an dá pheata is measa amuigh.

- Nach mairg a ligeann a rún le duine thar lear.

- Is tearc fear ar a mbíonn rath nach mbíonn sé ar chuid dá cheann.

- Is measa an athiompáil ná an chéad fhiabhras.

- Mar a bhíonn tú leis an duine saibhir, bí mar sin leis an duine bocht, ná mol agus ná dí-mhol daoi mar ní fhaightear saoi gan locht.

- Fataí agus bainne géar agus arbhar beag dá réir.

- Nach minic a bhí an gránna geanúil agus an dathúil dona.

- Don olc agus don mhaith is ionann cás, má bhlaiseann tú bia blaisfidh tú bás.

- Ná meas nach dtabharfaidh gach peacach sásamh as a bheatha chlaon, is mall a mheileann muilte Dé ach meileann siad go mín.

- Maireann an fiach dubh san aill agus maireann an bradán sa sruth, maireann an crann ar an bhfál ach ní mhaireann an lámh a chuir.

- Cor in aghaidh an chaim agus cam in aghaidh an choir.

- Ní hé an té a rinne an teach an té a rinne an bád.

- Na trí rud is fuaire amuigh; smut madra, tóin caillí agus deoir aille.

- An lá a bhfeictear an cú, sin é an lá nach bhfeictear an giorria.

- Tá dhá chos ar an mbréag, cé nach bhfuil ach cos amháin ar an fhírinne.

- Liath ar dhath an iarainn, nó donn ar dhath na luchóige, an dath is fearr ar chapall.

- Is é blas gach bia agus díth gach anlainn an salann.

- Ní bhíonn mórán measa ar amadán agus is annamh a bhíonn amadán ina chónaí.

- Is é fuacht na slinneán a bhreacaíonn na lorgaí.

- Casadh an tine agus an ola ar a chéile.

- Níl a fhios agat díth an tobair nó go dtriomaíonn sé.

- Níor choinnigh an cú ocras riamh ar a chuid coileán.

- Bí in Acaill in am nó beidh tú ar an ngannchuid don olann.

- Nuair is crua don chailleach caithfidh sí rith.

- Lá breá do do phósadh agus lá mór do do chur.

- Tá an ghrian ag dul siar agus níl an féar á shábháil.

- An gorta faoin bhfraoch agus an t-ór faoin aiteann.

- An gual féin nuair a théitear é soilsíonn sé mar an rós.

- Plá ban nó plá míolta is doiligh an bua a fháil orthu, is deacair fáil réidh leo.

- Ní hí an charraig mhór atá ar an gcnoc atá i bhfad uait a dhéanann an dochar duit ach an gráinnín beag gainimh atá i do bhróig.

- Tá ár muintir ag imeacht thar sáile, agus tá an tír níos boichte ó d'imigh siad, ach déanfaidh uibheacha iolair iolra cibé áit ina gcuirtear iad.

- Don óg agus don sean is ionann cás, má bhlaiseann tú bia, ach blaisfidh tú bás.

- B'fhéidir go mbeidh an fear lúcháireach, a bhí ar maidin go bocht brónach, ach ceann garbh ar maidin earraigh agus ceann mín ar an tráthnóna.

- Dá fhad a rachas galántacht téann acmhainneacht níos sia ach is é an t-éadach an duine agus is é an bréagán an bia.

- Is fearr goradh cúl coise ná céad bó ar chnoc.

- An té a bhfuil cáil an mhochóra air tig leis codladh go meán lae agus tig leatsa an cleas céanna a dhéanamh, agus ní agróidh aon duine ort é.

- Má bhíonn tú ró-mhisniúil ní bheidh tú ró-chlistiúil agus ní bhíonn buaine ag an óige, ach an seanmhadra don bhealach fada agus an coileán le haghaidh an bhóithrín.

- Céile don leaba an uaigh agus céile don chodladh an bás, an lá is an oíche mar a deir an file, eatarthu a shlogtar an t-am gan spás.

- Níl crann sa gcoill níos gránna ná crann gan bhláth ach is nádúr don té atá cairdiúil déirc agus grá.

- Nach minic a laghdaíonn béile maith bia brón.

- Ní mar a fhéachann an long, go minic, a sheolann sí.

- Na trí ghlór ar bith is binne amuigh, géimneach bó, meilt bhró, agus leanbh ag plobarnach lena mháthair.

- Má chaith tú an lá inniu go fánach, cuimhnigh nár bhain tú tada fós as an lá amárach.

- Níl ábhar cáis, cúis ná casaoid agam.

- Nach iomaí cor a chuireann lá earraigh de féin, ach ina dhiaidh sin ní théann teas thar samhradh ná fuacht thar geimhreadh.

- Nuair a bhíonn sneachta ar Néifinn, bíonn sé fuar in Éirinn.

- Má bhíonn sneachta ar na beanna, bí cinnte go bhfuil sé fuar sna gleannta taobh thíos.

- Maraíonn an t-earrach na caoirigh ach is é an samhradh a mharaíonn na daoine.

- Hóra, a ghrian, tá tú ag dul siar ar feadh an lae, an raibh tú riamh ar aimsir?

- Fios agus fiafraí a dhubhann an t-anam.

- Tig leat breith ar bhean ach ní thig leat brath uirthi.

- Níor bhris cearc an áil a heagán riamh.

- Trí rud nach dtig leat a fháil ar an aonach, trí ribe tomáin agus iad a bheith díreach.

- Is cuma leis an dall cé air a bhfuil an breall.

- D'ordaigh Dia dúinn an stoirm a ligean tharainn i gcónaí mar gur fearr lúbadh ná briseadh.

- An ubh chirce ag dul ag iarraidh na huibhe gé.

- Is faide go brách ná go Bealtaine.

- Níl leigheas ar dhúil san ól ach ligean de, agus lig den ól agus ligfidh an t-ól díot.

- Is olc an séanadh atá san éan a thréigeann a nead féin.

- Is air a bhí an tsúil ach ní air a bhí an intinn.

- Ní leithne an t-aer ná an timpiste.

- Baineann coimeád maith an ceann den timpiste.

- Ná glac an duine strainséartha ar a thuairisc féin.

- Is í máthair na coise éadroime iníon na coise troime.

- Bíonn gach duine lách nó go dtéann bó ina gharraí.

- Is minic a rinne an tlú achrann idir bean mic agus máthair chéile.

- Is fusa do dhuine é a chreidiúint ná ag dul ag iarraidh fianaise.

- Is minic lasadh in aghaidh duine agus ní le náire é ach oiread.

- Ní hionann éinne agus taobh na bléine.

- Truaillíonn drochchomrádaí béasa maithe.

- Comhluadar is ea beirt agus buíon is ea triúr.

- Ársaigh dom do chomhluadar agus aithrisfidh mé duit cé tú féin.

- Ní thagann uachtar ar bhainne an chait, ná gíoscán ag na bróga agus gan íoctha go fóill orthu.

- An té ar leis an bua is dóichí gur leis an chreach.

- Is lia gach othar tar éis a leighis.

- Is deacair a huan a bhaint de sheanchaora.

- Cailín Domhnaigh nó gamhain samhraidh; dhá ní gan mórán maithe.

- Má ghlacann tú an saol go réidh, ná síl go nglacfaidh an saol go réidh tú.

- Aoine an Chéasta is mór an céasadh bainne a ól, agus Domhnach Cásca is mór an náire a bheith gan feoil.

- Greim sleamhain' sea greim eireabaill eascainne.

- Ar theacht cogaidh fairsingíonn an t-áirbhirseoir ifreann.

- Nuair a thagann an tuirse imíonn an fuadar.

- Caitheamh agus fáil is ea saibhreas an duine bhoicht.

- Fad is a bhíonn na mná ag ceasacht is ea a fhásann na cuileoga.

- An té a umhlaíonn do Dhia ardaíonn Dia suas é.

- Pósadh inniu agus picil amárach.

- Is fearr amaideacht chailín ná amaideacht chaillí.

- Is maith an fhaire an fhógairt.

- Is maith an caladh an cúinne ach is fearr an t-ancaire an t-iarta.

- Is cuma leis an té atá tuirseach cé chóireas a leaba.

- Nach iomaí rud is léir don duine díomhaoin.

- Is fearr beart ná neart.

- Cuireadh an doichill an rud a thug an madra rua do Júnaí an scrogaill.

- Am codlata don bheo is ea am siúlóide don mharbh.

- Is fearr bolgán lag ná a bheith folamh ar fad.

- Ní phósfainn fear na haon bhó ach a bheag nach bpósfadh fear an dá bhó mé.

- Is mór iad na beagáiníní i dteannta a chéile.

- Ní ón taobh amuigh de dhuine a thagann an dochar.

- Níl duine ar bith dá fheabhas ceird nach n-éiríonn mícheapadh dó in am éigin.

- Is fearr síol fonóide ná síol feille.

- Is í an fhuil a uaislíonn nó a íslíonn an duine.

- Is mór an chuideachta do dhuine an díth céille corruair.
- Fear mar chách an fear is fearr ar bith.

- Tagann maith as cairde agus grásta as foighne.

- Is dona an tseilbh é sparán saibhir agus croí bocht.

- Ní i ngearradh na putóige atá an tástáil ach ina hithe.

- Nach iomaí fear buile a chuaigh in aghaidh tuile go dána, agus is iomaí fear buile a thug an tuile léi le fána.

- Ní fhaigheann dorn dúnta ach cur ina choinne.

- Gach aon rud ar deiseal ach an tseisreach ar tuathal.

- Goid ó ghadaí goid gan pheacaí.

- Ó na tithe beaga, téann na daoine go dtí na tithe móra.

- Is mar a chéile caora mhaol fhionn, nó caora fhionn mhaol.

- Éiríonn le cuireadh ceal a shárú.

- Bíodh ciall agat agus beidh Dia agat.

- Níl sa náire ach mar a ghlactar í.

- Fad is atá an drochmhadra ag tafann leat, ní baol go mbéarfaidh sé ort.

- Tógann sé cam agus díreach chun an saol a dhéanamh suas.

- Tá an torann is mó sa mhias fholamh.

- An té nach n-oibríonn an tslat milleann sé a mhac.

- Lúb ar lár is gearr go mbeidh sé ina pholl.

- Bí cinnte mura gcuirfidh tú snaidhm go gcaillfidh tú dhá ghreim.

- Is fearr treise aigne ná neart lámh.

- Is fearr a bheith cinnte ná ceaptha.

- Ní hé an té is airde glór an té is airde gníomh.

- Níl tobar ar bith gan cosán.

- An rud nach ndéantar in am is minic go ndéantar ar éigean é.

- Ní i gcónaí a bhíonn a fhios ag an bhfear thall céard a bhíonn ar siúl ag an bhfear abhus.

- Ná bí ag déanamh comórtais leis an té is dona ach féach a bheith thuas leis an té is fearr.

- An rud atá sa mbun bán tá sé sa mbarr glas.

- An glas ar an doras agus an eochair ar iarraidh, ach ná bí ag déanamh do chasaoide go síoraí le daoine.

- Chomh buí le gine, chomh dearg le fuil
  Chomh geal le heala, chomh milis le mil
  Chomh mín le síoda, chomh crua le cloch
  Chomh géar le snáthaid, chomh glic le luch
  Chomh bán le bainne, chomh glas le féar
  Chomh hard le caisleán, chomh dubh le sméar
  Chomh domhain le tobar, chomh slán le breac
  Chomh geal le scilling, chomh fuar le leac
  Chomh trom le hiarrann, chomh righin le gad
  Chomh maith le féasta, chomh géar le drad
  Chomh cothrom le cáca, chomh hard le cnoc
  Chomh marbh le scadán, chomh liath le broc.

Ainmneacha
agus Leasainmneacha

Ailp
Duine, nó rud ar bith atá mór, tugtar ailp air.
Glaoitear ailpire chomh maith ar dhuine a shlogfadh a
chuid bia go cíocrach gan é a chogaint i gceart.

Ainseogach
Bean a bheadh ag ránaíocht thart léi féin go mall san
oíche. Bhíodh cineál de chreideamh ar an gCorrán
faoina leithéid sin de bhean. Bhí sí leis an slua sí nó
bhí sí tógtha leo.

Aircíseach
Níl sí baileach chomh dona leis an gcaorsanach ach ní
hin le rá nach bhfuil sí sách dona. Bíonn an focal géar,
gar go maith do bharr a teanga agus ní bheadh sí i
bhfad ag tabhairt saighid duit. Bean gan mórán
foighne.

Airdeallaí
Tá duine acu sin i ngach uile bhaile. Ní théann tada
thart i ngan fhios orthu. Tá a fhios agaibh nár mhill
airdeallaí maith tada riamh.

Airteagal
Duine beag, nach mbeadh in ann mórán a dhéanamh,
gan mórán maithe ann féin, ná don duine udaí eile.
Rud gan mórán maithe.

Áirbhirseoir
Duine atá go síoraí ag cur daoine in aghaidh a chéile,
agus ag baint an-sásaimh as. Duine a bhíonn ag fadú
na tine go síoraí agus ag coinneáil an phota ar
fiuchadh. Diabhal

Aithriseoir

Duine a bheadh ag aithris ort agus ag déanadh fonóide fút taobh thiar de do dhroim.

Allas ón diabhal

Gasúir chrosta.

Amadán

Duine gan mórán céille. Bheadh sé ag caint go hamaideach.

Arcán

Duine nó gasúr a bheadh cineál lag, agus nach mbeadh ag fás. Thugtaí arcán freisin ar an mbanbh deireanach a bheadh ag cráin. Nuair a bhíodh an chráin ag breith, an chéad bhanbh a bhíodh ar an chéad bhullán, an dara ceann ar an dara bullán agus mar sin de. Fanann gach uile bhanbh ar a bhullán féin. An banbh deireanach chuirtí ar an bhullán deireanach é, áit nach mbíonn mórán bainne, dá bhrí sin bíonn sé níos lú ná an chuid eile. Sin arcán chomh maith.

Baileabhair

Duine a bhíonn ag cumadh scéalta iontacha nó ag cumadóireacht bréag agus fíor. Ach bíonn a fhios agat go minic nach í an fhírinne í. Baileabhair gan chabhair.

Balbhán

Duine tostach nach mbeadh mórán le rá aige, ní gá go mbeadh sé balbh ná gan chaint.

Béal faochóige

Duine a mbeadh a bhéal cineál casta, mar fhaochóg. Tá trí chineál faochóige ann. Faochóg mhadra, Faochóg choirn, Faochóg dhubh .

Bearbóir
Bean a bhearrfadh thú gan uirlis ar bith ach an teanga.
D'fhágfadh sí thú glan, bearrtha gan lámh a leagan ort.

Biteog
Seo bean nó go mór mór cailín óg, a bheadh go síoraí
ag súgradh le stócaigh nó le buachaillí óga, cineál *tom
boy*. Ghlaofá biteog chomh maith ar mhadra baineann.

Bithiúnach
Is cosúil leis an tíoránach an bithiúnach. Níl a fhios
agam cé acu is measa, ach bí cinnte nach comhluadar
iontach maith ceachtar acu.

Blaoiscín
Fear a mbeadh blagaid air. Gan scioltar ar a chnámha
ná ribe ar a cheann. Ní fheictear go leor daoine anois
le blagaid, mar bíonn píosaí gruaige orthu.

Bodachán
Duine mór láidir, falsa gan fonn air mórán oibre a
chur. Tá an bodach luaite go minic sna scéalta agus
sna leabhair; "Bodach an Chóta Lachna." I
seanfhocail; "Lig chun an bhodaigh mé ach ná lig an
bodach chugam" agus seanfhocal eile, "Tabhair a
rogha féin don bhodach agus tógfaidh sé an díogha"
agus ceann eile, "Urchar bodaigh i bpoll móna, nó
oíche fhómhair ag titim; dhá ní a thagann go tobann."

Bodhrán
Tugtar bodhrán ar dhuine nach bhfuil an éisteacht go
maith aige nó atá cineál bodhar agus ar ndóigh
deirtear go bhfuil gach uile rud curtha ar an bhfear
bodhar. Tá bodhrán eile ann, gléas ceoil.

Bolmán
Duine beag beathaíoch a mbeadh go leor le rá aige
agus a bheadh á mholadh féin go síoraí.
Tá bolmán ar iasc freisin, iasc atá sách daor.

Breilisce
Bean a bheadh ag caint go seafóideach gan mórán
céille. Sin í an bhreilisce.

Bromachán
Duine mór, garbh, gáirsiúil, an bromachán bliana.
Tugtar bromach ar shearrach capaill.

Brúdarlach
Duine mór fiáin corr, contráilte agus cáil an trodaí air.
Bhíodh sé seachanta ag gach duine ar fhaitíos go
dtarraingeodh siad orthu féin é.

Buíogaí
Bean, nó duine a bhfuil dath buí ar a chraiceann. Tá
cineál eile ann chomh maith, an ghealóg, duine a
bhfuil dath bán air.

Bundún nó Bundúnaí
Duine collaideach caointeach, cantalach. Cainteach
gan mórán céille. Duine dubh dorcha agus nach
mbeadh mórán fonn ort a bheith ina chuideachta.
*Tá bundún leice ann chomh maith, iasc a bhíonn greamaithe
de na clocha ar íochtar cladaigh.*

Cabaire
Duine cabach, é go síoraí ag sioscadh gan stad. Cibé rud
a chloisfeadh sé, bheadh sé ar bharr a theanga aige.

Cadramán (Caidriú)

Duine collaideach, gan mhúineadh ná stiúradh, ceanndána, é chomh righin leis an mbraon súiche. Tá seanfhocal ann faoin gcadramán; "Gheibheann an ceansa a thoil féin, nuair a theipeann ar an gcadramán."

Caidéirí

Duine a bhíonn ag díol agus ag ceannach rudaí. Fadó bhíodh daoine ag dul thart ag ceannach gamhna agus nuair a bhíodh na báid ag iascaireacht bhíodh na caidéirí ag ceannach an éisc agus á dhíol sna bailte móra.

Cáiríneach

Duine a bhíonn ag scigireacht gháire go síoraí, ní thig leis dhá fhocal a rá gan gáire. Straois air, siar go dtína dhá chluais.

Caltáras

Duine a bhfuil glór ard aige agus chloisfeá é i bhfad sula bhfeicfeá é. Dá mbeadh sé i measc scata daoine, bheifeá in ann é a phiocadh amach gan é a fheiceáil, de bharr go bhfuil a ghlór i bhfad níos airde ná daoine eile.

Caorsanach

Bean atá i gcónaí réidh le troid a eagrú. Ní ligfeadh sí broim féin leat dá mb'fhéidir léi gan troid leat. *Spitfire* ceart atá sa chaorsanach. Chaithfeá tú féin a choinneáil ar an taobh ceart di i gcónaí.

Cearmansaíoch

Duine a bheadh ar a chomhairle féin agus é imithe ó smacht bun barr. Bheadh sé ag cur na gcos i dtaca agus dá dtiocfadh leat aon obair a bhaint as, bheadh sé á déanamh in aghaidh a thola.

Ceirtlín
Bean bhríomhar nach bhfuil mórán méid inti. Tá sí chomh leathan agus atá sí ard.

Ceithearnach
Duine mór láidir le cnámha móra. É ardnósach go maith gan mórán náire.

Ceolán
Duine a bheadh ag siúl go mall réidh, nó ag seachrán thart gan aird aige ar an saol thart air.

Clabaire
An clabaire, bíonn a chlab oscailte aige i gcónaí agus é ag caint agus straois air, siar go dtína dhá chluais. Tá cabaire ann chomh maith.

Cladhaire
Duine a loicfeadh ort nuair is mó a bheadh cabhair ag teastáil uait.

Cláiríneach
Duine nach mbeadh ag coinneáil go maith ina shláinte, a bheadh crapalta.

Cláirseach
Bean mhór ard le héadan salach leathan agus clár mór fiacla. Bean a bheadh an-amscaí. Go síoraí ag teacht sa mbealach. Tá gléas ceoil ann chomh maith, cruit agus cláirseach.

Cleamairí
Daoine a dheisíonn iad féin suas agus a théann thart cibé áit a mbeadh spraoi nó bainis.

Cleasarlaí
Duine a bhíonn ag déanamh cleasanna ar dhaoine. Cleasanna beaga fánacha gan mórán urchóide, cé gur minic a tharraingíonn siad achrann idir daoine.

Cleithire
Duine éadrom caol ard aclaíoch agus é gléasta go maith ina chuid éadaigh. Cleithire de dhuine uasal.

Clibhiseoir
Bean a bhíonn go minic ag brú achrainn agus scléipe agus bíonn gach uile dhuine á seachaint.

Cliobóg
Cailín óg, aranta, láidir, agus spiorad iontach inti. Capall óg, searrach.

Cluanaí
Duine a shílfeá a bheadh go lách leat ach a dhéanfadh an droch-chleas imirt ort ina dhiaidh sin.

Cnagadán
Duine beag gan mórán méid, ná toirt. Tá cnagadán, crabadán, agus crágachán ann agus is cosúil an triúr lena chéile.
Is é mo bharúil gurb iad na focail chéanna iad, nó go bhfuil an míniú céanna orthu, ar chuma ar bith.

Cnámharlach
Duine a mbeadh cnámha mór aige, ach a bheadh ard tanaí. Fear fada caol le cnámha móra.

Cneamhaire
Duine a gcaithfeá a bheith san airdeall air dá mbeifeá ag díol nó ag ceannach uaidh, nó bhuailfeadh sé beart ort.

Codaí

Duine mór falsa, leisciúil nach ndéanfadh ach an rud a chaithfeadh sé a dhéanamh. Bheadh sé ag faire ar an obair agus ag súil le duine éigin eile í a dhéanamh dó.

Coigeallach

Bean thanaí ard, gan sciolta ar a cnámha, ná an snáithe féin ar a droim. Cineál d'fhóisc nó bean shalach. Trua thú a choíche nó go mbuailtear ort coigeallach mná.

Collach

Duine mór fiáin, garbh, gáirsiúil, láidir, sin é an collach. Ar ndóigh is é an rud atá sa chollach ó cheart muc fhireann. Nuair a bhíonn an chráin ar dlíth tugtar chuig an gcollach í leis an teas a bhaint di.
Bíonn dáir ar bhó. Reithíocht ar chaora. Dlíth ar chráin. Adhall ar bhiteog. Eachmairt ar chapall. Catachas ar chat.

Crabadán

Duine beag, caointeach agus cineál de chruit bheag air. Duine gur doiligh cur suas leis, agus nach mbeadh sé éasca ag duine cairdeas a dhéanamh leis.

Crádaí

Duine a mbeadh cruit air agus a bheadh sáite sa luaith agus fuacht air i gcónaí. Tá cradán ann chomh maith. *Nach minic a chuirimis i ngruaig na ngirseach fadó iad. (Feochadán)*

Craigirlín

Duine a bhfuil cloigeann mór air. Tá craigirlín ar iasc chomh maith. Iasc beag mar an ceannruán a bhfuil ceann mór air. Gheobhaidh tú an ceannruán faoi na clocha ar an gcladach.

Cráisteálaí
Duine mór nó rud ar bith mór is ea cráisteálaí.

Cráiteachán
Duine a mbeadh an béal bocht air go síoraí. Duine a mbeadh an domhan uilig anuas air agus gotha goil ar a bhéal go síoraí.

Crith
Duine nach mbeadh ann ach na cnámha. Ní bheadh ann ach an dá ghiall agus an teanga. Duine beag faiteach, cúthaileach.

Crosachán
Duine a mbeadh a éadan brocach i ndiaidh na bolgaí. Tugtar crosachán ar dhuine a bhfuil bricíní ar a éadan.

Crótail
Ainm eile cosúil le harcán ach go dtugtaí é ar shicín beag lag, (nó b'fhéidir ar uan lag) a chaithfeá a chur i mbosca cois na tine agus aire mhaith a thabhairt dó go ceann scathaimh.

Crúibíneach nó Crúbachán
Duine a bhfuil crúba móra air idir lámha agus cosa. Duine amscaí.
Tá crúbaire ann freisin. An rud a bhíonn ag an ngréasaí le deis a chur ar bhróg.

Cruiteachán
Duine beag a mbeadh guaillí cruptha air.

Cuideal
Bean ard, thanaí, ghearr is ea an cuideal. Is cosúil go dtagann an focal ón mBéarla.

Cuirdín

Is cosúil go dtagann an focal ón mBéarla. Ach an cuirdín, bheadh sí réidh i gcónaí, mar d'fheicfeá an speig neannta le scliúchas a thosú, agus í ábalta seasadh suas di féin.

Cumstancs

Duine a bhíonn ag cur i gcéill, ag cur in aghaidh ruda, agus ag caitheadh seápanna, cé gur mhaith leis an rud a dhéanamh tar éis an ghleo.

Déircíneach

Duine beag cráite, lom, cráite, tanaí, faiteach, cúthaileach.

Dobhrán

Duine nach mbeadh a fhios aige i gceart le rud a dhéanamh agus a mbeadh falsacht air faoi. Aineolaí bocht.

Donóg

Bean bhocht chráite is ea an donóg. Cineál de gheospal agus saol suarach aici.

Driseog

Bean nach dtiocfaidh leat dul ina comhair. Ná bac leis an driseog agus ní bhacfaidh an driseog leat. Chuirfeadh sí dealg go dtí an beo ionat agus sin í an dealg nach ndéanfá dearmad faoi go ceann scathaimh fhada.

Dródaire

Duine a bhíonn ag stealladh idir bhréag agus fíor cois na tine. Deis na cainte ar fheabhas aige, agus b'fhéidir nach bhfágfadh sé an-luath, cé go raibh gach uile scéal aige.

Duigéir
Duine a bheadh ag iarraidh rud a dhéanamh i ngan fhios ort. Rud olc nó maith.

Easóg
Bean a bheadh go síoraí ag troid lena cuid comharsan. Ní bheifeá in ann tada a dhéanamh. D'éireodh sí suas san éadan ort gan fáth ar bith.

Failleagán
Duine mór, aigeanta, aclaí, acmhainneach, láidir agus ar doiligh cor ná feac a bhaint as.

Fámaire
An chiall atá le fámaire ar an gCorrán, duine falsa a bheadh ag fánaíocht thart, agus gan mórán airde aige ar obair. Tá míniú eile leis anois, cuairteoirí.

Fear Bréige
Is cosúil é leis an scáile; fear ard, tanaí. Duine nach mbeadh ag aireachtáil go maith.

Gadaí na Liathán
Duine a bheadh ag tiontú amach ar sháil na bróige. Bheadh liathán air agus ní bheadh sé in ann siúl díreach. Tugtar liathán ar an uirlis a bhíonn ag duine atá ag leagan brící nó ag saor cloiche leis an bpláistéireacht a scaradh.

Gearrthóir
Duine a gcaithfeá a bheith cúramach ina theannta, nó bhainfeadh sé an gaosán díot, dá ndéarfá tada as bealach. Chaithfeá a bheith ar do chosaint i gcónaí ina gcuideachta nó gheofá saighead.

Geidimín

Duine nach féidir leis socrú. É go síoraí ar a mhí-
shuaimhneas. Duine collaideach, nach mbeadh in ann
comhrá a choinneáil suas.

Geois

Fear nó bean a mbeadh breitheog nó bolg mór air nó
uirthi.

Geospal

Duine gan mórán céille agus nach mbeadh mórán
méid ann. Cineál de thachrán beag.

Giúis

Sin duine cosúil leis an mbearbóir. Chaithfeá a bheith
san airdeall ar an ngiúis nó bheifeá glan bearrtha gan
sópa, gan rásúr, gan lámh a leagan ort.

Glagaire

Duine an-chainteach agus nach mbeadh mórán céille
lena chuid cainte ach ag sioscadh leis, bíodh sé fíor nó
bréagach.

Gleacaí

Duine slítheach, sleamhain, glic a chuirfeadh an
dallamullóg ort dá bhfaigheadh sé an seans.

Gleacaire

Duine a bhfuil gualainn ard agus gualainn íseal air
agus nuair a bheadh sé ag caint leat, bheadh a
chloigeann ar leataobh aige.

Glincín

Duine gan mórán meáchain ina chuid cainte, agus a
bhíonn ag cur i gcéill i gcónaí.

Glóirín
Duine a gcloisfeá a ghlór sula bhfeicfeá é féin. Tugtar Glóirín chomh maith ar dhuine a bheadh ina shuí le moch na maidine, nach mbeadh in ann codladh agus bheadh gach uile dhuine sa teach dúisithe aige.

Gráinneog
Tá a fhios ag gach uile dhuine go bhfuil an ghráineog clúdaithe le dealga agus nach dtig leat dul ina comhair. Is mar a chéile an bhean ar a dtugtar an ghráinneog, ní thig leat dearcadh uirthi nó chuirfeadh sí dealg ionat.

Gróigeán
Bean gan mórán méid, tá sí chomh leathan agus atá sí mór agus cineál de chruit uirthi, í breá beathaithe. Tá gróigeán eile ann dá mbeifeá ag sábháil móna agus gan an mhóin a bheith sách tirim, dhéanfá gróigeán mór di.
Tá focal eile ann cosúil leis an ngróigeán, grágán. Duine a mbeadh cloigeann nó cúl mór gruaige uirthi.

Iarsadóir
Duine nach dtiocfadh leat tada a rá leis, nó bheadh sé ar báiní, nó imithe le gaoth na gcnoc.

Lán a' bhata
Duine mór, agus colainn air dá réir. Deirtí é go mór mór faoi bhean a bheadh ag iompar an iomarca meáchain. Téarma moltach. Tá ceann eile ann chomh maith; "Tá tú lán a' bhata mar mhná an *Valley* agus ag éirí den talamh."

Leadaí
Duine ar nós an radaire, agus é sáite i gcónaí sa tine. Leadaí na luatha, agus dhá lorga bhreaca air.

Léasóg
Bean a bheadh go maith leis an fhuáil nó i gcionn na snáthaide ag déanamh lása.

Leibide
Duine ar cuma leis faoi rud ar bith. Is cuma leis faoina chuid éadaigh, bíodh siad glan nó salach. Duine faillíoch, fánach.

Leibideog
Bean nach mbeadh stad uirthi ach ag síorchaint. Ní fhéadfá focal a rá uaithi. Bheadh sí in ann caint a choinneáil le dáréag ag an am céanna.

Leogán
Duine lách a bhfuil ar a chumas go leor rudaí a dhéanamh agus a dhéanamh go maith. Fear ildánach.

Leoiste
Duine mór cosúil leis an bhfailleagán. Déarfá é faoi chat nó faoi mhadra chomh maith.

Líbíneach
Duine a bheadh fliuch i gcónaí agus a bheadh draoibeach. Tugtar líbín freisin ar iasc beag a fhaightear sna haibhneacha.

Líobaire
Duine mór falsa, nach mbeifeá in ann aon obair a bhaint as. Bheadh sé mar a d'fheicfeá cat idir dhá theach, nó táilliúir idir dhá bhaile. Gach uile rud feicthe aige.

Liúdramán
Is cosúil gur duine gan mórán eolais é an liúdramán. Duine mór amscaí, collaideach, chomh ramhar le feac láí.

Nach minic a glaodh an t-ainm sin orm ar scoil fadó agus ar chuid mhaith eile chomh maith liom.

Máirseach
Sergeant major de bhean.

Maistín
Duine, nó páiste ar doiligh a shásadh, agus bheadh sé corr crosta. Doiligh go maith a chur ina chodladh. Ghlaoifeá maistín ar mhadra chomh maith.

Mallachar
Duine nó rud ar bith atá mór, sin mallachar. Déarfá mallachar cait, nó madra agus is cosúil gur ionann é agus lóiste nó smíste.

Manránach
Duine a bheadh ag caint go síoraí agus nach mbeadh mórán céille sa gcaint, é ag ceasacht faoi gach uile rud agus gotha caointe air go síoraí.

Óinseach
Óinseach a thugtaí ar bhean gan mórán céille agus óinseoigín ar chailín beag óg. Glaoitear óinseach ar bhean agus amadán ar fhear.

Paltóg
Bean mhór, fhalsa gan mórán slachta. Tugtar paltóg ar dhorn chomh maith. Thug sé paltóg dó sa tsúil nó sa ghiall.

Panaí
Bean mhór, ard, leathan, láidir, agus í curtha le chéile go maith, le brollach deas. Déarfá é chomh maith faoi chat nó faoi mhadra.

Péacóg

Bean an-dathúil agus a mbeadh tóir mhór ag na fir uirthi. Bean a mbeadh an-tóir aici ar éadach galánta agus í undrach go maith. Caithfidh sé go raibh Deirdre ina péacóg. "Níor rugadh riamh aon bhean sa tír, a bhainfeadh díot an barr ó scriosadh an Traoi mar gheall ar mhnaoi, is ó cuireadh Deirdre chun báis."

Péiceallach

Duine mór a bheadh cineál undrach, ag imeacht agus a cheann in airde aige.

Pilí

Duine mór nó rud ar bith mór. Déarfá faoi chat nó faoi mhadra é chomh maith.

Plásaí

Duine iontach milis os do chomhair. Ní thiocfadh leat an phaidir a chreidiúint amach as a bhéal, shílfeá nach leáfadh im ina bhéal, tá sé chomh sleamhain, slíoctha sin.

Pleidhce

Cineál de leathdhuine, gan an iomarca urchóide. Bheadh sé in ann aire a thabhairt do na ba agus iad a sheoladh agus mar sin de.

Plucachán

áiste a mbeadh pluca móra air agus é breá beathaíoch. Ghlaoití plucachán ar dhuine a mbeadh pluca móra dearga air chomh maith.

Práibíneach

Duine beag nach mbeadh mórán suime aige ina chuid oibre. Dhéanfadh sé scuaibín ar an obair.

Práisc

Is cosúil an phráisc leis an ruaisc, duine brógach, salach gan chuma gan chaoi, bheadh sí ag cruinniú chac na seachtaine agus á chaitheamh amach Dé Domhnaigh.

Praiscín

Bean bheag shalach; is cosúil go bhfuil baint ag an bhfocal le prásán. Dhéanfaí praiscín de rud, chomh maith le prásán, é a mhilleadh.

Praiseán

Duine a bheadh i gcónaí ag milleadh na hoibre.

Púicearlach

Duine dubh dorcha, éadan fada air agus ualach an domhain á iompar aige.

Putrachán

Duine mór beathaíoch, amscaí, go mór mór páiste.

Radaire

Duine falsa, a bheadh ag déanamh go leor cuartaíochta, ag dul ó theach go teach, agus gach uile scéal á chloisint aige.

Raiple húta

Duine a bheadh ag dul thart agus a chuid éadaigh ag flapáil. Ní bheadh siad druidte. Bheadh a bhrollach oscailte agus a threabhsar scaoilte.

Rálach

Bean a bhfuil droch-cháil uirthi agus drochnósanna nó drochthréithe aici. Sílim nach bhfuil sí chomh dona leis an striapach. Mar a dúirt an té a dúirt é "an rálach gan náire, gan choinsias ná ciall." Thugtaí rálach chomh maith ar bhó a bheadh ag bradaíl.

Ránaí
Duine beag mall a bhíonn ag seachrán thart agus ní mór duit a bheith ina dhiaidh i gcónaí á ghríosadh.

Rógaire
Seo téarma ceanúil a thugtaí uaireanta ar dhuine. Ní chaithfeadh sé a bheith ina ghadaí ná tada mar sin. Thugtaí é go minic ar pháiste agus cá bhfágfá An Rógaire Dubh? "An bhfaca tú Nóra agus a tóin leis an sruth is a dhá chois in airde ag an rógaire dubh?"

Ruaibillín
Bean bheag a bheadh go minic ag imeacht ó theach go teach agus b'fhéidir páiste lena cois.

Ruailleach
Bean gan chuma gan chaoi – brocach, salach ina teach féin agus ina cuid éadaigh.

Ruailleach
Cailín nó déagóir aerach agus an-spiorad inti. Bheadh sí go síoraí i measc na bhfear agus an chuideachta.

Ruaisc
Bean cineál salach ina cuid éadaigh agus ar fud an tí. Is cosúil go bhfuil baint ag an bhfocal le huaisc. Mar gur mar a chéile an cineál daoine iad.

Scafaire
Duine óg croíúil a dhéanfadh rud maith duit agus nach mbeadh ag caint faoi.

Scáile
Is é an rud atá sa scáile duine iontach tanaí. Ní bheadh ann ach an dá ghiall agus an teanga.

Scarachán
Duine nó páiste a mbeadh lorgaí cama orthu agus a bheadh ag bogadh nuair a bheadh siad ag siúl. Bheadh siúl scartha acu.

Sciolladóir
Duine a bheadh ag caint agus ag sciolladh ar gach uile dhuine. Deis na teanga ar a chumas aige agus sclamh aige as gach duine.

Sclamhaire
Duine nach dtabharfaidh am dó féin rud a dhéanamh i gceart, é ar deifir i gcónaí. Fiú dá mbeadh sé ag tabhairt bearradh gruaige duit le siosúr, bheadh sé do do sclamhadh, nó ag baint féir le speal bheadh sé ag fágáil go leor den fhéar ina dhiaidh ar an talamh agus ní bheadh mórán leisce air lán a bhéil a bhaint as duine chomh maith.

Scloig
Duine a bhfuil muineál fada air mar a d'fheicfeá scloig ar bhuidéal.

Scodal
Duine ard, tanaí agus cosa fada air agus rúideog mhaith aige.

Scraimín
Duine, dá mbeadh sé ag obair agat, ní bheadh sé ag obair i gceart ach ag rith air agus ag fáil réidh leis, agus é ag iarraidh an dallamullóg a chur ort. Scíb sceab a dhéanamh.

Scraith nó Scraiste, Scrábachán, Scrádaí, Srathaí:
Duine fada, falsa nach ndéanfaidh tada. É ite ag an fhalsacht, gur doiligh dó cos a chur thar an gcois eile le falsacht.

Scréachóg
Bean a bhfuil glór, ard, géar, aici, go minic ghlaoití scréachóg uirthi.

Scuabaid
Bean bhríomhar nach mbeadh i bhfad ag déanamh obair ar bith. An-oibrí ar fad, bheadh rud déanta aici, fad is a bheadh an duine eile ag dearcadh ar. *Sweeper* sa mBéarla. Tá scuaid agus scuideog ann chomh maith.

Scuaid nó scuaideog
Bean shalach nach bhfuil cuma ná caoi uirthi. Bean ar cuma léi cén chaoi a ndearcann sí. Duine bundúnach.

Seabhróg, Siabhróg agus Síofróg:
Bean a bhíonn ag síorchaint gan mórán céille agus cosúil leis an gclimseogach, bheadh sí ag ránaíocht thart léi féin go mall san oíche.

Síógaí
Duine a bheadh ag imeacht leis féin de shiúl oíche ag síofrógacht. Bheadh a fhios aige faoi gach uile rud a bhíodh ag tarlú ar fud an bhaile agus chreid cuid de na daoine go raibh sé leis na síógaí.

Siostal, Siostalaí nó Siostalóir
Fear, bean nó páiste a bheadh ag iarraidh gach uile rud a d'fheicfeadh sé agus é collaideach, cointinneach.

Sláimín
Duine, dá mbeadh sé ag déanamh aon obair, go mbeadh sé ag rith, nó mar a deirtí ar an gCorrán ag déanamh scuaibín dó. Deirtí go mion minic faoi bhean é.

Slámóg
Bean bheag shuarach, nach mbeadh mórán teacht aniar inti. Tá slaimín ann chomh maith, is cosúil go bhfuil an dá fhocal mar a chéile.

Slíomadóir
Duine iontach sleamhain os do chomhair amach, agus a bheadh ag cur faobhair ar an scian taobh thiar de do dhroim, le hí a chur go feirc ionat. Duine a ghabhfadh ar ais ar a fhocal.

Sliseog
Bean ard, thanaí. Níl inti ach sliseoigín beag.

Smíste
Duine mór falsa, leisciúil. Thiocfadh leat smíste a thabhairt do dhuine sa ghiall. Dorn a thabhairt dó sa ghiall.

Smugachán
Duine a mbeadh smuga lena ghaosán i gcónaí. Bheadh sé cineál salach.

Smutachán
Duine a mbeadh pus air go síoraí, agus ar ndóigh, bheadh sé cointinneach collaideach chomh maith agus doiligh cur suas leis.

Spágaí
Duine a bhfuil péire mór bonn leathan air. Spágaí móra agus b'fhéidir go mbeadh liathán air chomh maith. Thiocfadh leis chomh maith go mbeadh sé ina bhosachán, nó bosach.

Spalpaire
Duine a bhíonn ag caint gan stad. Ag stealladh leis idir fhíor agus bhréag agus ag mionnú mionnaí móra. Duine gáirsiúil.

Spéice
Cineál d'amadán, a bheadh ag seasamh agus a chloigeann ar scriú ag éisteacht le gach uile rud. Is minic a d'airigh mé ar an gCorrán "Spéice Bhaile na Ceartan", cibé é féin.

Speig Neannta
Sin í an bhean a bhainfeadh an craiceann díot agus ní bheadh call aici le scian ná rásúr. D'fheannfadh sí thú lena teanga agus ina dhiaidh sin d'íosfadh sí thú.

Spideog
Lán do dhoirn de bhean gan mórán téagair cé go bhfuil sí in ann a carn aoiligh féin a chosaint.

Spreasán
Duine lag gan mórán fuinnimh ann. Ní bheadh mórán maithe ann le haghaidh lá oibre. Thugtaí spreasán freisin ar fhéirín, rud nach mbeadh praghas mór air, agus nach mairfeadh ró-fhada.

Spreasán
Féirín de dhuine gan mórán maithe, go mór mór bean nach mbeadh mórán maitheasa inti ar fud an tí.

Sramachán
Duine a mbeadh srama lena chuid súl go síoraí. Duine beag suarach.

Staic
Duine mór láidir. Ar ndóigh, tá staic mhagaidh ann freisin nó ball magaidh.

Stail
Fear mór láidir agus guaillí leathana air. Sin é an stail. Tá stail chapaill ann chomh maith.

Stocaire
Duine a bheadh ag dul isteach i dteach in am béile, ag dúil go bhfaigheadh sé greim in aisce, nó ag súil le héadáil éigin a fháil dó féin.

Striapach
Bhuel, tá striapach fir ann anois chomh maith le striapach mná. Ar ndóigh nuair a bhí mise ag éirí suas os cionn trí scór bliain ó shin, ní chloisfeá an focal sin ar chor ar bith. Bhí sé *taboo*. Nuair a thagadh na misinéirí thart, chloisfeá an focal sin ón altóir sin é an méid. Striapach duine: fear nó bean a ligeann a cholainn anall ar cíos.

Suanaí
Duine ciúin nach mbeadh mórán le rá aige. Duine domhain. Ná *trust*áil a choíche an suanaí, mar is measa i gcónaí é ná an bligeard.

Suaslach
Duine a bheadh go fial faoi chuid an duine eile, ach nach dtabharfadh tada uaidh, dá mba leis féin é.

Súdamán

Duine mór, mall, nach gcuirfeadh tada isteach air. Cineál fada réidh a ghabhas go fada sa lá.

Súimíneach

Duine a mbíonn dúil mhór aige san ól cé nach bhfeicfeá óltach é. Ní ólann sé ach braoinín beag, ach é sin go minic. Tá seanfhocal ann faoin súimíneach: "Is minic a tháinig ól mór as an tsúimíneacht."

Súmachán

Duine beag beathaithe ramhar, go mór mór páiste gan mórán suime aige i rudaí.

Tachrán

Duine beag, go mór mór páiste nach mbeadh ag fás. B'fhéidir chomh maith go mbeadh sé an-dalba, agus go mbeadh sé an-fhalsa.

Táirín

Duine a bheadh ag caitheamh drochmheasa ar gach uile rud, idir dhuine agus bheithíoch. Drochmheas aige ar gach uile dhuine agus meas mór aige air féin.

Timín

Duine nach ndéanfaidh mórán maitheasa do dhuine ar bith. An rud a bheadh aige, bheadh sé sách gann aige féin. Bí cinnte dó nach bhfaighfeá tada uaidh in aisce, dá mbeifeá ina chall. "Bhí Timín ina chléireach, ba bhréagach agus b'olc é a ghreann. Chuir sé mo cháil trí Éirinn go raibh mo chuid éadaigh tógtha mar gheall le dram" mar atá san amhrán.

Tíoránach

Duine gan mórán trócaire is ea an tíoránach. Is cosúil

gur tháinig an focal ón tiarna talún fadó. Ní raibh
mórán trócaire iontu.

Tréitheach
Duine atá greannmhar le straois gháire air go minic.
Tá sé an-chleasach agus spórtúil.

Tuatach
Bean thuatach, bean nach dtabharfadh tada uaithi dá
m'fhéidir léi. Tá sí chomh righin leis an braon súiche
agus ramhar dá réir. Thiocfadh leat obair thuatach a
dhéanamh chomh maith, obair nach mbeadh
leathdhéanta; ní bheadh sé millte ach bheadh sé gar go
maith dó.

Uascán
Duine gan mórán staidéir a leanfaidh an slua gan an
iomarca meallta. Tá uascán mar ainm ar uan baineann
bliana chomh maith.

Ugastún
Duine a bheadh ag slogadh a chuid bia agus nach
dtabharfadh am dó féin lena chogaint i gceart.

Undrach
Duine ardnósach. Duine leitheadach, a mbeadh an-
spéis aige ann féin, bheadh sé céim níos airde ná an
gnáthdhuine ina intinn féin.